MAKING
GOOD TEACHING
GREAT

从优秀教师
到卓越教师

极具影响力的日常教学策略

[美]

安奈特·布鲁肖（Annette Breaux）

托德·威特克尔（Todd Whitaker）

著

我们将此书献给每一位热衷于教育事业的教师

为了孩子更美好的明天，他们辛勤耕耘、默默奉献

我们相信，在每一个孩子的生命历程中

总会有那么一位教师，是他们心中真正的英雄

中国青年出版社
CHINA YOUTH PRESS

图书在版编目（CIP）数据

从优秀教师到卓越教师：极具影响力的日常教学策略 /（美）布鲁肖，（美）威特克尔著；范杰译. — 北京：中国青年出版社，2013.1

ISBN 978-7-5153-1237-8

Ⅰ.①从… Ⅱ.①布… ②威… ③范… Ⅲ.①教学法 Ⅳ.①G424

中国版本图书馆CIP数据核字（2012）第269384号

从优秀教师到卓越教师：
极具影响力的日常教学策略

作　　者：	〔美〕安奈特·布鲁肖　〔美〕托德·威特克尔
译　　者：	范 杰
责任编辑：	肖妩嫔
美术编辑：	夏 蕊
出　　版：	中国青年出版社
发　　行：	北京中青文文化传媒有限公司
电　　话：	010-65511270/65516873
公司网址：	www.cyb.com.cn
购书网址：	zqwts.tmall.com
印　　刷：	大厂回族自治县益利印刷有限公司
版　　次：	2013年2月第1版
印　　次：	2021年8月第28次印刷
开　　本：	787×1092　1/16
字　　数：	262千字
印　　张：	21
京权图字：	01-2012-4960
书　　号：	ISBN 978-7-5153-1237-8
定　　价：	33.80元

前言
Foreword

你想让学生的生命与众不同吗？你想让学生都燃起对知识的渴望吗？你想成为卓越教师并教出卓越的学生吗？这本书将帮助你将这些想法融入教学的每一个细节，积极地影响学生的每一步成长。

多年来，我们在对众多卓越教师的观察与交谈中发现：卓越教师都在为两个共同的目标而奋斗。

1. 让教学技巧一天比一天进步。

2. 避免在同一个地方犯同样的错误。

你瞧，即使是卓越教师也会犯错。不同的是，卓越教师会努力让自己不再重复同样的错误。从来没有哪位卓越教师告诉过我们"我的目标是成为最完美的老师，我希望了解教学的一切，甚至是每一个细节"。因为卓越教师都清楚地知道：教学永无止境，没有人能够真正到达教学巅峰。从来如此！正因为深谙这一点，所有的卓越教师都懂得为提高自己当下的教学能力而努力奋斗，他们每天坚守着提高自身教学能力的务实理念，一步一个脚印地向着目标前进。

我们写这本书的目的并不是希望帮助你成为最完美的老师，而是希望帮助你更有智慧更有方法地提高你的教学技巧和学生的学习能力。我们将在未来的180天中的每一天与你分享一些简单高效的日常教学策略。我们希望这些方法、策略以及行动建议能帮助你提高课堂教学质量以及学生学习效果，也希望你能像所有卓越教师一样，与学生建立积极而密切的关系。作为一名教师，由于肩负着众多的责任，所以很容易顾此失彼，看重一些我们本无须看重的东西，忽略一些我们本不该忽略的东西。因此，每一天，我们都需要提醒自己做自己该做的事情。你可以将这本书看成是一个备忘录，也可以将它视为一个贯穿全学年的教学指南，它将在你教学的每一天为你送上温馨的提醒、善意的建议、周全的行动计划。

我们坚信，每一位教师内心深处都期待自己成为一名卓越教师，这个美好的愿景始终在等待着实现的那一天。我们也坚信，每一个学生内心深处都期待着找到自己无限的潜力，这些潜力始终在等待着释放的那一天。我们希望这本书能帮助你成为自己内心深处期待成为的卓越教师，同时也希望你能帮助每一个学生找到真正的自我，发掘出他们最大的潜力。请好好享受这一切吧！

如何使用本书
How to Use This Book

　　这本书的设计就像茶余饭后的小点心，每天只需要花几分钟的时间，它就能给你带来充实和惊喜，甚至是有意无意的改变。

　　如果你刚好在开学之初就拥有这本书，你将有一整年的时间来读它，你可以随时翻开此书阅读感兴趣的内容；如果你在开学后的第30个工作日拥有这本书，你不妨从本书的第30天开始阅读，或者也可以从头开始阅读。在本书中，每一天我们都会为你提供一个简单易行的教学策略。每隔20天，我们将给你提供一个简短的调查，以检测哪些策略对你有效，让你及时调整自己的教学方式。我们建议：在每一天结束之前，你能抽空浏览一下第二天的教学策略，因为有时你可能需要提前一天准备第二天的教学行动。

　　事实上，我们已经意识到，教学是严谨的，又是极其琐碎的，它会让你忙得不可开交，也许由于各种客观原因，你会在很多几天内根本没有时间去践行书中的行动建议。当出现这样的情况时，你完全可以自由决定时间，不必拘泥于书上所说的。因为相对于自身的教学来说，你才是最权威的，也是最有资格做出决定的人。假如某天你只有20分钟与学生相处的空闲时间，而这天我们书中所建议的行动所需的时间超出了20分钟，那么你可以不去实行这一天的行动建议，或者将它平摊到之后的数天当中，或者等到你有足够多的空闲时间再去践行它。

　　你的目的不应该仅仅是为了"翻完"或"读完"这本书，你应该将这本书作为改善和提高教学效率的一个切实可行的工具。请相信你的职业判断力，永远去做最有利于学生的事情，每时每刻都要牢记这一点。

为了激发学生的无限潜力，

为了增强学生学习的渴望，

每天，我们都将为你提供一种方法，

提高你的教学技巧，

表达你对学生由衷的关爱。

每一位学生，

都有权接受最具爱心、最具责任感的教育。

这是所有卓越教师奋斗终身的目标和梦想，

我们将帮助你梦想成真。

——安奈特·布鲁肖、托德·威特克尔

目 录
Contents

积极快乐的第一印象

请静心思考

积极热忱的言行举止会让人对你产生良好的第一印象，学生也将以积极的行为来响应你。因此，无论何时何地，请务必确保自己能呈现给学生和家长积极热忱的第一印象！

你可以这样做

通常，新入职的老师都会从资深老师那里听到一些所谓的非常管用的经验，比如，"无论如何，请不要对学生微笑！除了圣诞节。"或者，"请不要滥用你的微笑，直到万圣节前夕！"我们强烈反对这种建议。老师的第一印象很重要，一旦建立则难以消除。如果学生走进教室，看到的是一位严肃的、面带愤容的老师，他们立即就会变得异常警惕和机敏，甚至立刻改变自己想要信任新学期老师的这种想法。即使老师后来"改变"了这种不友好的表现，要扭转学生对你的第一印象也很难，这比一开始就以积极的言行举止面对学生要困难得多。更糟糕的是，如果这位老师继续以这种"严肃"的态度对待学生的话，他面对的必将是一个漫长而艰难的学年。

事实上，学生真正需要的是一个能在他们生活中树立正面榜样，并能带给他们快乐的成年人。一旦你的负面行为对学生的学习和生活产生了消极影响，他们将会受到很大的伤害。因此，作为老师，最重要的一点就是确保学生从你身上获得积极的第一印象。

今天的行动很简单，就是在学生面前努力呈现出积极的第一印象。其中，最重要的办法就是微笑着问候学生。事实上，在开学的第一天，学生最想知道的事情就是在你的课堂上等待他们的将会是什么，他们在这一年的学习中能得到什么。因此，请一定要记得告诉他们，能有幸做他们的老师，和他们一起学习、一起进步，对你来说是一件多么让人兴奋的事情；请记得向他们保证，接下来的这一年将会是一帆风顺的一年，也将是充满精彩和胜利的一年。此外，你还可以向学生们透露一些在这一年中将会举办的令人兴奋的活动。在为学生展现美好愿景和幸福蓝图的时候，请尽量展示出你的热忱。当学生所看到和听到的一切都向他们表明你是一个充满快乐和激情的老师时，他们将会变得更加快乐和热情。这就是双赢！

如果你完成了！

任何一个学生对你的第一印象都将是持续而长久的。今天，你已经确保自己在开学的第一天为学生留下了积极的第一印象。这是一个良好的开端，这将预示着在明天或者这个学年余下的日子里，学生都会被你这种快乐和积极的情绪所感染。请记住：学生们正在期待着明天出现的你也能像今天一样积极而快乐！

巧妙安排学生的座位

请静心思考

教室的座位安排对于课堂管理有着决定性的作用，它是所有老师都将面对的难题！坦率地说，座位安排不仅会影响学生的课堂表现，而且会影响学生的学习效率。如果老师能妥善地安排学生的座位，学生就会自觉地遵守课堂纪律，开心愉悦地学习，但是如果学生座位安排得不恰当，则非常不利于学生养成良好行为习惯，因此每一个老师都希望自己能够找到一种更好、更奏效的排座方式。

你可以这样做

如果两个学生在课堂上总是调皮捣蛋，一旦把这两个学生的座位安排在一起，他们就会不断出现课堂行为问题。我们发现，尽管所有卓越的老师都不会一直使用同一个常见的方法来安排学生的座位，但是有一点却惊人的一致，那就是他们都拥有各自独特的方式来巧妙处理学生的座位问题。

卓越的老师在开学的第一天会让学生自主选择座位，这会让学生感觉轻松自在，进而消除对学校生活的排斥感。这也有助于老师更好地了解学生，从而进一步确定更合适的座位安排方案。也许你会担心学生自主选择座位会为你带来一些小麻烦，事实上，几天后你就会发现有些学生即使坐在朋友旁边也不会违反纪律，而有些学生则会如我们所担心的那样出现各种各样的纪律问题。于是，你需要为那些出现纪律问题的学生调换座位。

为了不让调换座位看上去像是在惩罚学生，你可以告诉学生："在接下来的几天或者几周中，我可能会调整大家的座位，之所以这样

第 2 天

做的原因有很多，也许是为了更好地给你们分组，也许是为了更好地关注到你们每个人，也许是为了让你们有更好的学习环境，等等。"这个方法非常管用。在接下来的教学过程中，如果你认为有必要对学生进行座位调整时，就可以不用再担心因调整座位而伤害到学生的自尊心。

如果座位相邻的两个学生相互调皮捣蛋，老师最好不要马上停下来对他们说："如果你们再不遵守课堂纪律，我就要调换你们的座位。"因为这种极端的做法非常容易伤害学生的自尊心。此外，卓越的老师通常不会直接对学生进行点名批评，并命令学生调换座位。他们通常会一次调换几个学生的座位，而且他们总能找到一些让学生容易接受的调座理由，比如把坐在后面的学生调到前面来，是为了让他在上课之前能把同学们的作业收齐。这就是聪明的心理战术！

你可能会问："为什么我不能让学生知道，我之所以要调换他们的座位，是因为他们在课堂上表现不好呢？"答案很简单！"你当然可以。"但是，如此一来，你就需要做好心理准备，如果你直截了当地告诉学生，而没有充分考虑到他们的自尊心或者给他们选择的余地，那么无论你将学生的座位调换到哪里，他们都有可能为了"报复"你对他们的伤害而故意扰乱课堂纪律，你这种看似诚实的行为最终也可能起不到很好的作用。尽管我们不提倡老师忽略学生所有的错误行为，但我们建议你千万不要轻易挑起与学生的冲突。我们相信，只要老师巧妙地调换学生座位，冲突是完全可以避免的。

你今天的行动很简单，那就是仔细思考：如果学生因课堂行为问题而需要换座位时，如何让这件事看起来不像是对他们违纪行为的惩罚。请努力选择一个既不伤害学生自尊，又能让你维持良好的课堂纪律的方法，来巧妙地安排学生的座位。这样的话，学生的课堂行为问题就会迎刃而解。

如果你完成了！

你可以使用我们分享的所有方法，也可以根据自己的实际情况总结出适合自己的方法，还可以咨询卓越的老师有关座位安排的诀窍和成功经验。无论你最终选择什么样的方法，都请记住千万不要把调换座位当成是对学生的惩罚。此外，一定要格外注意，在让学生调换座位的整个过程中，请始终保持微笑！

了解每一个学生

请静心思考

你是否已经足够了解你的学生？如果能深入走进学生的内心世界，你一定会产生极大的满足感，这也将有助于建立你和学生之间的良好关系，并进一步让学生的行为变得更好！

你可以这样做

老师应该如何最有效地提高自己的教学技能呢？最好的方法就是从学生的角度出发，耐心了解学生的点点滴滴，比如，他们是谁，他们相信什么，他们的梦想是什么，他们喜欢什么和不喜欢什么，等等。要想深入了解学生，最好的方法就是给他们发放一份非常有趣的调查问卷。你可以使用现有的调查问卷模板，也可以为自己的班级和学生量身定做一份调查问卷。我们建议你尽可能简明地设计调查问卷，在这份问卷中可以巧妙地设计一些能让学生谈论自己的开放式的问题，比如"我是_____""我很喜欢_____""我不喜欢_____""我很享受_____""我的愿望是_____""我希望_____""我的梦想是_____"等。在发放这份调查问卷的过程中，学生会告诉你很多他们从来没告诉过你的事情，这将有助于你更好地走进学生的内心世界，更有针对性地去教导每一个学生。

因此，你今天的行动就是给学生发放一份相应的调查问卷。如果学生年龄很小，你可以在这份调查问卷中让他们画一两幅关于自己的图画，然后再让他们解释给你听。

通过给学生发放他们感兴趣的调查问卷，你会得到如下意想不到的收获。

- 你对每一个学生都已经有所了解。
- 你已经向学生宣告：你对他们非常感兴趣。

永远不要低估这个行动的力量，不管你教的是哪个年级或者哪个学科。所有卓越的老师都会努力去接近学生，并力图深入了解每一个学生。我们相信，你也一定会这么做！

如果你完成了！

给学生发放了调查问卷之后，不要只是把它们收上来放在文件夹里作为摆设。如果一个学生在调查问卷中展现出某种天赋和潜质，那么你应该和这个学生进行深入的交谈，并对他进行有效的指导。如果你在调查问卷中发现学生正被心事困扰，那么你需要为这样的学生提供安慰和支持。请充分利用调查问卷中反馈的一切信息来帮助学生，以便满足他们的各种需求。

有些老师会把调查问卷的结果张贴在教室里，但是只有极少数的老师会在做这件事之前征得学生的许可。请记住，学生也是人，也有属于自己的故事和秘密。请让学生自己去决定是否将他们的故事和秘密公告于众，不要擅自揭露他们的故事和秘密。

家长会的真诚邀请

请静心思考

每一个家长都会敬重那些关心自己的孩子，并乐意与他们共同教育孩子的老师。当家长感觉自己在学校受到老师的欢迎和尊重时，他们就不会认为你很不好相处。因此，无论在音乐厅、会议室或者其他更多学校的活动场合，他们都非常愿意出席学校的活动，并积极配合老师对孩子进行教育！

你可以这样做

很多老师认为，有时候让家长来参加学校的教育活动非常困难，然而，我们并不同意这种说法。在这里我们想说的是，不管怎样，卓越的老师总是会想方设法让父母参与孩子的教育，他们从来没有放弃过这种努力。为了达到这一目的，卓越的老师最常用的方法就是努力做一些特别的事情，使家长感到自己是受欢迎的、是被需要的、是有价值的。

在一所中学，家长会的出席率总是很低，导致很多老师认为应该取消家长会。然而，新来的校长对于这种家长无须参加学校教育活动的观点坚绝不赞同。因此，无论是学校的知识竞赛、联欢活动，还是体育赛事，他都会提醒老师邀请家长来参加。为了表示对家长的重视，他决定进行一项实验。校长打破了以往每年家长会之前让老师派发备忘录来提醒家长的这一传统方式，他要求学校的每个老师都亲自给学生家长打电话，邀请他们来参加家长会。这个电话的内容可以包括："嗨，我是Simms女士，艾希莉的老师。我很感谢您对我的信任，让艾希莉在我的班级学习。她是一个非常聪明的学生，我很喜欢她。我非常想以我个人的名义，邀请您来参加我们学校举办的家长会，如果能在家长会上见到您，将会是我最大的荣幸。家长会的召开时间是星期三的下午6点，届时我们将会为您准备好精致的茶点，期待能见到您！"一番真诚的电话邀请后，很多以前从来不关心孩子学校教育的家长也出席了这次家长会，由于人数众多，学校不得不为家长们增加额外的座位！

当你在召开学生家长会时，也可以尝试一下这个方法。真诚地告诉家长，你很喜欢他的孩子，有幸教这样的孩子让你感到非常开心。你要想尽一切办法让家长感到无论是在学校还是在你的班级，他都是受欢迎的。对于那些接到你的邀请电话后依然不来参加家长会的家长，你也应该心平气和地接受这种结果。事实上，在你给家长打电话的那一刻，你们就已经开始了积极的接触，即使家长这次不来参加家长会，你也可以考虑一下如何进一步和他们进行积极的沟通。经过这样的努力后，家长会渐渐参与到你的教学活动中。如此一来，家长与你携手合作的机会也会变得越来越多。

如果你完成了！

我们经常会收到很多老师的反馈，他们总是感叹打这样的邀请电话太困难了。这并不奇怪，这样的邀请电话确实会带给老师各种各样的困难，也会让老师产生为难的情绪，我们还从来没有听说过哪位老师在邀请家长的过程中是一帆风顺的。每一位卓越的老师都在不停地进行各种尝试，以让家长积极参与到孩子的学校教育中来。他们非常清楚，教好学生最好的办法就是获得家长的支持！

课堂管理究竟是什么

请静心思考

无论你教的是几年级的学生，教的是什么科目，你都必须先建立一套课堂管理章程，这是老师必须完成的一个重要任务，也是课堂管理的核心！

你可以这样做

课堂管理是什么？它就是课堂纪律吗？不完全是！纪律只是课堂管理的一个重要组成部分，有效的课堂管理包含了老师能够确保课堂教学顺利而有效进行的一切事情。事实上，希望轻而易举地进行课堂管理，显然是一种美好的幻想！

毋庸置疑，每一个卓越的老师都是成功的课堂管理者。在安排课桌、管理时间、制定课堂规则和常规、计划有效的教学内容、举行相应的课堂活动等方面，他们会投入大量的时间和精力。

卓越的老师都清楚地知道，如果没有井然有序的课堂管理，不管他们在学校和课堂上的安排和计划有多好，都不可能获得满意的效果，不仅如此，学生的违纪问题也会蜂拥而至，学生的学习成绩也会受到很大的影响。事实上，当老师表现得没有条理、没有组织时，学生们就会纷纷效仿。当老师不能坚持将课堂管理章程贯彻始终时，学生就会破坏这些章程，而且在整个教学过程中他们都不会认真遵守你制定的一切章程。如果老师并没有严格执行规定，而是自己随意选择惩罚学生，学生就会认为老师很不公平，进而变得不再遵守任何规则。他们还会将老师看作是软弱无力、优柔寡断的人——一个容易被学生控制的人。在课堂管理方面缺乏经验的老师应该增强这方面的意识，多学习课堂管理的方法和策略，并将其付诸实践。虽然针对课堂管理的技巧我们可以专门写成厚厚的一本书，但在本书中，我们的目标仅仅是为了帮助你检查一下自己制定的课堂管理章程，并在必要的时候有意识地去改善它。

今天的行动是回顾一下你目前的课堂管理状况。你现在有课堂管理章程吗？你知道你的章程是什么吗？你的学生知道这些章程吗？你设定了对学生的期望，并且让学生知道这些期望了吗？你开始与学生制定基本的章程了吗？

在接下来的三天中，我们将帮助你一步一个脚印地制定这些课堂管理章程。因此，今天最重要的就是要确定你是否做好了制定和完善这些章程的准备，还有至关重要的一点就是你必须清醒地意识到有组织的课堂管理的重要性。

如果你完成了！

一旦课堂管理发挥了效力，你的课堂就会变得井然有序，教学效果也会得到明显改善。不仅如此，学生的表现也会不断改进，积极性也会不断增强，成绩也会不断提高。有效的课堂就像一个训练有素的合唱团，能唱出和谐而美妙的歌声！听，课堂里传出了优美的歌声，这是你的合唱团在唱歌吗？

课堂规则不宜超过5个

请静心思考

我们制定规则，而学生却破坏规则。我们应该怎么办？坚持严肃地执行！可是学生会遵守吗？ 也许我们都清楚，如果明确告诉学生什么可以做、什么不可以做，并制定一些合理的惩罚措施，一旦我们能将这些规则和惩罚措施贯穿始终时，学生一定会认真地对待这些规则，并努力遵守它们。无论如何，请坚持鼓励学生做出良好的行为。

你可以这样做

通常，老师制定的规则不宜超过5个，然而，很多老师却制定了10个或更多的规则贴在教室墙上。据悉，最常见的规则都是由老师单方面提出来的，并没有和学生一起制定，例如，发言之前请举手。那么，为什么老师会如此频繁地制定规则呢？这是因为太多的老师并不清楚规则和常规之间的区别。如果知道了这些区别，你就会明白"发言之前请举手"是常规，而不是规则。（明天我们将讨论常规。）

让我们定义一下规则，规则规定和调节严重的不当行为，能在一定程度上防止学生的严重过失。一旦规则被打破，就必须对学生实行严重的惩罚，比如禁止攻击他人。绝大多数老师都不希望学生攻击其他学生。当这一规则公布时，学生就会知道这种行为是不被允许的。同时，老师还应该附上违反这一规则的相应惩罚措施。

今天的活动就是回顾一下你目前的课堂规则，确定哪些规则是课堂上永远不允许发生的严重违纪行为。虽然绝大多数的老师会认为只制定5个规则实在太少，因为在教学过程中只规定5个严重违纪行为对绝大多数老师而言实在是太困难了。事实上，你可能也会发现很多你发布的规则实际上属于常规的范围。此外，在你已经确定好规则并附加了合理的惩罚措施后，请明确告知学生，以确保每个学生都清楚这些规则及其相应的惩罚措施。请牢记，关于规则最大的挑战就是如何强制执行。因此，一旦规则太多，你将难以掌控局面。

如果你完成了！

学生其实最想知道的就是界限，哪些地方他们能去，能去多远，哪些地方他们不能去。一旦规则和相应的惩罚措施确定后，请向所有的学生严肃地公布，并让他们充分了解这些规则。之后，你需要做的就是贯彻执行这些规则和惩罚措施。当学生一旦打破规则，请以一种冷静而专业的方式执行惩罚措施。

课堂常规需要反复练习

请静心思考

如果你不告诉学生你希望他们做什么，他们就会随意去做自己喜欢做的事情，而这些事情很可能不是你希望他们去做的事情！

你可以这样做

就像我们经常所说的那样，课堂上的头号问题不是纪律，而是缺乏有组织的常规。太多的老师忽视了在学期一开始就制定有组织的常规的重要性。

课堂常规包括日常的行为。例如，如何走进教室、如何上交试卷、如何要求发言、如何申请加入和退入小组、如何吃午餐、如何进行消防演习，等等，这个课堂常规清单很长很长，因为许多日常的课堂行为都需要常规来约束，才能井然有序地进行。卓越的老师不会一次就把所有的课堂常规都制定出来，相反，他们会先确定最重要的常规，并在第一时间教给学生。当学生慢慢适应所教的常规之后，这些老师再慢慢地在这个清单上增加新的常规。

今天你的任务就是确定哪些常规是你已经制定好的，哪些常规是你需要制定的。在执行这些常规中，请记得遵守如下步骤。

1. 向学生介绍新的常规。

2. 详细地告诉学生你希望他们如何练习新的常规，并亲自做出示范。

3. 让学生练习新的常规。

4. 继续练习，并在他们"忘记"的时候不断地提醒他们。

5. 在练习常规的整个过程中，请始终保持一致。

规则和常规之间的区别在于，规则针对的是严重的犯错行为，而常规强调的是在执行同一件或者同一类事情时，行为方式必须始终保持一致性。当学生破坏了规则时你需要惩罚他们，当学生破坏常规时你只需要让他们继续练习。常规必须始终保持一致，这是至关重要的一点。如果你的常规是：当你需要吸引学生注意力时，你会举起你的手，那么任何时候只要碰到这种情况，每一次你都必须这么做。千万不要随意用大声要求学生保持安静，或者恳求、威胁他们听你的话，或者提醒他们没有集中精力，或者啪啪地敲讲桌等方式来吸引学生的注意力。切记，一旦制定了常规就一定要遵守到底，这样才能取得事半功倍的效果！

如果你完成了！

记住：每一个规则都必须有一个严厉的惩罚措施，而常规只需要不断地练习。如果你始终如一地贯彻执行它们，你的班级就会拥有良好的纪律！

学生也需要提醒

请静心思考

还记得你家附近公路上的限速标志吗？你知道它为什么会一直在那里吗？其实，它不仅仅是为了游客，也是为你和其他那些仍然需要提醒才记得限速的成年人而设置的。作为老师，在课堂上你就是学生们的限速标志。

你可以这样做

即使你和你的邻居们在这里住了很多年，这里也很少有路过的游客，然而限速标志却依然还保留着。为什么呢？难道是你和你的邻居不知道开车要限速吗？当然不是。那么，为什么没人移除这些限速标志呢？这是因为即使是成年人也需要不断的提醒才能保证自己不忘记规则和常规。不可否认，有时候作为成年人的老师同样也会忘记一些本应遵守的规则和常规，但是，当学生忘记课堂规则和常规时，老师却会很恼火，他会说："学生必须知道应该怎么做、怎样采取行动，他们不能忘记！"好的，让我们来思考一下这个事实，即使成年人知道限速意味着什么，但他们有时也会忘记这个规定，既然他们可以利用限速标志来提醒自己并从中受益，那么为什么我们就不能给还是孩子的学生一些善意的提醒呢？孩子也是人，他们也需要从对他们怀有期望的人身上获得一些真诚而善意的提醒。

我们讲这个故事的目的只是想告诉你，学生忘记规则和常规是不可避免的，并不是建议你利用这种方式允许学生不遵守规则和常规。事实上，因为规则意味着规范错误的行为，所以你不能忽略学生打破规则的举动。值得庆幸的是，学生忘记屈指可数的规则的频率往往比忘记常规的频率要小得多。我们建议你对课堂规则和常规的执行一定要与你的期望始终保持一致。但是，当你在贯彻执行规则和常规时，请切记不要远离初衷，不要生搬硬套，不要将规则和常规流于表面和形式，否则你的一切心血都将白费。一旦学生打破规则，请坚决地惩罚他们，然后让它成为过去。如果他们不遵守常规，那么请为学生提供更多的练习机会。

你今天的行动很简单。请回顾你的课堂管理章程，明确规则和常规之间的区别。此外，你还需要详细地让学生知道他们究竟什么可以做、什么不可以做，以及他们在你的课堂应该有什么样的表现，不应该有什么样的表现。

如果你完成了！

忘记常规和规则的学生，其实并不是不聪明。当他们一次又一次地忘记时，你要做的只是耐心地提醒他们。谢天谢地，他们仅仅是忘记，还没有犯错！

坚定地执行课堂管理章程

请静心思考

绝大多数教师制定规则和常规的意图是非常好的，但规则和常规贯彻实施的效果却总是不尽如人意。于是，你的教学计划一再推延，你曾经渴望实现的教学目标变得遥遥无期，你曾经憧憬的美好蓝图也变得黯淡无光。怎么办？

你可以这样做

在过去的四天中，我们已经讨论了课堂管理的各个方面。现在，你可以评估一下自己的课堂管理章程。让我们回顾一下这几天讨论的几个重点：

● 一套有效的课堂管理章程包含了老师能够确保课堂教学顺利而有效进行的一切事情。

● 通常，一套好的课堂管理章程应该包含明确的规则和常规。

● 规则是为了防止严重的错误行为而制定的，一旦规则被打破，就必须进行严厉的惩罚。请牢记：你只能制定少数的规则，不能想着越多越好，因为那样你会很难掌控局面。

● 常规意味着在贯彻执行同一件或者同一类事情时，行为方式需要始终保持一致。比如，走进教室、先举手再发言、削铅笔、吃午餐，等等。

● 当学生没有遵守常规时，你不能惩罚他，相反，你应该为学生提供更多有针对性的练习。

● 明确告诉学生你对他们的期望以及这样期望的原因。

● 对于规则和常规，请为学生提供更多的练习和提醒。

每位老师都希望有个良好的课堂！他们精心制定了一套管理章程，但在贯彻执行的过程中他们却并不能始终如一地遵守它，最后总是以失败告终。因此，尽管通过这几天的思考你已经明白了建立课堂管理章程的重要性，但还有一点你必须牢记：如果不能坚定地执行，那么再周密的课堂管理章程也必然惨遭失败。

今天的行动就是总结你的课堂管理章程，包括最基本的规则和常规清单，向学生详细解释你对他们的期望，让他们更好地理解这些规则和常规，以便最大限度地确保学生的学习以及他们良好的课堂表现。

如果你完成了！

规则是否已经确定下来，并且向学生进行了详细的解释——请再次检查！

常规是否已经确定下来，并且向学生进行了详细的解释——请再次检查！

你是否正在坚定地执行课堂管理章程——请再次检查！

学生知道你的想法吗

请静心思考

课堂管理章程不是机密情报，根本不需要对学生有所隐瞒。因此，永远都不要把它们藏起来，请向学生公开它们，因为学生需要清楚地知道你的每一个期望！

你可以这样做

在与老师的谈话以及对他们的观察中，我们常常发现，很多老师都有一份经过深思熟虑的课堂管理章程，却都被束之高阁。让我们假想一下，一个足球教练带着一份周密的比赛计划去参加一场比赛。他为这个计划做了充足的准备，并分析了比赛过程中随时可能出现的每一个突发状况的最好的应对办法。然而，他却将它放在办公桌的抽屉里，没让任何人见过这个计划。

比赛当天，问题出现了，他脑海中清晰地记得他对每个球员的期望以及安排，但是他的球员却对他的期望和安排一无所知。比赛开始后，球员们对教练的安排始终捉摸不透，整支球队陷入一片混乱，出现了很多失误。教练变得非常沮丧，因为球员根本就不知道他对他们的期望，也无从向着他想要的方向努力，于是他只能叫暂停。他跟球员分享他的经验，并试图以此激励他的球员做得更好。然后，他让他们重新回到赛场，但是球员们依然不知道教练到底想要他们怎么做，这加速了整支球队失败的步伐……

老师在课堂管理方面也经常出现这种现象，它深深地困扰着很多的老师。没错，这些老师已经精心制定了课堂管理章程，但他们却从来没有将它拿出来和学生分享过。

为了确保课堂管理章程能够成功实施，老师应该确保所有的学生都对这些章程有充分的理解。下面，我们为你推荐了几种方法。

　　1. 与学生一起讨论课堂管理章程，并给他们一份复印件。告诉学生你对他们的期望以及这样期望的原因，让学生对这套章程了然于心，他们会更加自觉地遵守它，并努力实现你的期望。

　　2. 寄一份课堂管理章程给学生家长，让他们确切地知道你对孩子的期望。（这是非常重要的一步，却经常被很多老师忽略。）

　　3. 坚定地执行这套章程！

如果你完成了！

　　老师经过深思熟虑，设定了规则和常规，并将其作为班级章程确定下来。老师应该向学生详细地解释这套章程，并明确告知自己对他们的期望。因为如果学生在一开始就知道老师对他们的期望以及制定这套章程的意图的话，学生就不会反对这些章程，反而会自觉地遵守它们。这样，违纪问题就会变得越来越少。

给学生两个承诺

请静心思考

一旦你对学生做出了承诺，他们就会牢记在心。因此，永远不要轻易对学生做出任何承诺，除非你打算兑现它！因为如果你没有遵守对学生的承诺，就会失去学生对你的信任。

你可以这样做

正因为知道学生会对老师的承诺深信不疑，所以我们在课堂上可以巧妙地利用学生的这一心理来管理我们的课堂和提高教学效率，以帮助学生获得更大的成功。

大多数老师都应该明白在课堂上有两件事是学生特别害怕发生的。第一件事是被老师点名，第二件事是在同龄人面前被老师责骂或者羞辱，这两件事情都会让学生感到尴尬不已。

今天的活动非常简单。请告诉你的学生："我非常愿意对你们做出承诺。"说到**承诺**这个词时，你将会吸引学生的目光。然后你再接着说："在这个学年中的任何时候，我保证不会对你们大声训斥，在这里你们会是安全的。我还要向你们承诺，我永远不会故意在你们的朋友面前为难你。相反，我会非常尊重你们，因为你们中的每个人都值得我去尊重。但是，这并不代表当你们的课堂表现不好时我会放手不管，因为这是我的工作，我必须认真、细致、负责地做好我的本职工作。不过，不管怎样，我都不会再冲你们大喊大叫，或者故意为难你们。"

对学生做出这两个承诺，就意味着你已经完成了以下事情：

（1）你让学生的情绪得到了有效放松，你让他们知道他们再也不会莫名其妙被你大声呵斥，或者再也不会因为你的为难在同龄人面

第 11 天

前感到尴尬。

（2）你已经选择了抛掉你的冷酷，这意味着你决定再也不会让学生感到为难和尴尬！尽管有时你可能还是忍不住大声训斥学生，或者你无意间的言行举止还是会或多或少地让学生在同龄人面前感到难堪，但是请你不要放肆自己的情绪和脾气，一定要学会克制，因为你曾经承诺过不会去做这样的事情。

如果你完成了！

当你向学生承诺不再大声训斥他们，或者不再在他们的朋友面前为难他们时，你的学生会更加尊重你，不仅如此，他们的课堂表现也会变得越来越好。

鼓励学生大胆地说出他们的意见

请静心思考

学生喜欢在教室里有自己的自主权，喜欢自己的意见能得到真正的重视，这种主人翁的感觉让他们很享受！然而，老师却经常忽视这一点，或者根本就忘了去关注学生的想法和感受。

其实让学生说出自己的想法很简单，最好的方法就是发给他们一份匿名调查问卷，这样既能让他们说出自己的真实想法，又不用担心老师找他们算账。

你可以这样做

你今天的行动是给学生发放一份调查问卷，它只需要包含几个非常简单的问题。这些问题可以是这样的：

- 到目前为止，你对于这个班级有什么想法？
- 你觉得怎样才能让你在班级中有更好的享受，请说说你的建议。
- 你觉得你的意见受到重视吗？
- 你觉得你被老师或者同学邀请加入班级所开展的所有活动了吗？
- 在这个班级中，你觉得老师尊重你吗？
- 老师教学的方式对你有吸引力吗？如果没有，你认为老师可以做出哪些不同的改变？
- 在这个班级里，你觉得自己是成功的吗？如果不是，你认为老师应该做些什么来帮助你获得成功？
- 其他建议：_____

_____

_____

当然，你也可以根据自己的实际情况适当地变换问题，以更好地适应不同的年级或者你所教的科目，但是不管怎样，你都必须对这件事情引起足够的重视。明天，当调查结果出来之后，我们将进一步讨论：针对这些调查结果我们应该如何行动。

如果你完成了！

有时把你的心声告诉学生，会有助于他们做出更负责任的选择。当你让学生感觉到他们的想法和意见对你很重要时，实际上，他们通常会更倾向于做你想要他们做的事！不管你信不信，这就是事实！

如何应对学生奇怪的想法

请静心思考

现在，你的那份调查已经有了结果，它可以帮助你有效地了解学生的想法和感受。你还可以和他们一起讨论这些结果，这将有助于你解决你自己、学生以及班级所存在的问题！

你可以这样做

在和学生一起讨论昨天的调查结果之前，让我们先讨论一下注意事项。对于你的调查，学生们一定会有许多不同的想法和回答，这是很正常的，因为学生是独立的个人，他们自然会有独立于他人的不一样的思想，不管你认为这些想法是正确的还是错误的，此时你最聪明的做法就是尊重他们的想法，并对学生进行有效的引导。

对于你的调查，学生很有可能会给出很多有趣的回答。比如"我认为我们任何时候都需要休息"，或者"我想我们不应该布置家庭作业"，或者"我认为我们应该一个星期只来学校上一天课"。也许在你的教学过程中你曾经接触过这样的想法，也许在你的这次调查中你会看到这样的想法，当然你也可能不会看到类似这样的回答。不管学生的调查结果中有没有类似的回答，我们都需要为应付这样的回答做好充足的准备。以下是我们对你的建议：你可以这样对学生说："我把整个问卷调查都认真读了一遍，大家有很多非常精彩的建议。虽然我没有足够的时间与大家分享每一个人说的每一件事情，但我会选取一些具有代表性的回答，大家可以对这些回答进行自由讨论。"

说完这些之后，你就可以面带微笑地与学生一起讨论这次调查的结果了。你可以这样回应学生的想法和建议，譬如，"有些同学认为你们如果能在合作小组中学习将会感觉更好。我很赞成，只要你们继续遵守小组学习的常规制度，我会尽最大努力支持你们，也会尽可能多地安排你们进行小组学习。谢谢你的建议。""有些同学认为我需要给予他们更多的一对一的帮助。没问题，我的工作就是帮助你们成功，所以如果你们需要额外的帮助，可以随时来找我。""许多同学说希望我们的课堂能有一定的规则和常规，这将有助于提高大家的学习效率。你们在慢慢长大，的确需要多学习成年人处理事情的方式。这些同学的建议很好！在现实世界中，我们建立规则和常规以确保事情能顺利开展。我很高兴你们能意识到规则和常规的重要性。（好吧，我承认没有学生给予这样的反馈，但是为了学生更好地成长，你可以言过其实一点，我们无须将真相告诉学生，因为这是善意的……）"

作为老师，你懂得花时间去表明你重视学生的感觉和意见，这是值得庆幸的！当然，你也必须尽你所能去满足他们的合理需求。在你仔细研究这些调查结果时，一定要尽量抓典型。如果仅仅是一个学生感觉不好，那么这种现象就应该不是班级存在的典型现象。但是，如果两个或两个以上的学生都出现了不好的感觉，你可能就要深入思考一下究竟是什么导致学生产生这种感觉。

如果你完成了！

通过让学生及时表达自己的想法，你可以让他们积极主动地参与到你的课堂中来，请牢记：有效和学生互动是提高教学效率的制胜秘诀！

"传送信封"的绝招

请静心思考

有时候，学生会因为各种原因扰乱课堂秩序，为了在不影响整个课堂秩序的前提下及时制止学生的这种行为，你需要把学生叫到走廊上与他进行私底下的谈话。如果你要求学生跟你出去，有些学生会乖乖照做，但有些自我防卫意识强的学生则不会那么听话。

今天的技巧主要是针对这类不愿意跟你出去的学生。这类学生知道自己惹了麻烦，但他可能不愿意听从你的安排，跟你出去。如果处理不当，他反而可能会在课堂上顶撞你，让整个事态变得一发不可收拾！

你可以这样做

举个例子，教室里有一个学生正在调皮捣蛋，为了终止他的行为，你打算私底下和他谈谈。但是，如果你强行让他跟你出去，学生可能会本能地反抗，甚至可能公然与你顶撞，让事态发展到不可收拾的地步。如果碰到这样的学生，你该怎么办呢？

今天，我们将会告诉你一个小技巧。请先仔细想一下，你能在学校找到一个不愿意为老师效劳的学生吗？几乎找不到吧。我们要介绍的这个技巧就是利用了学生的这种心理。这个技巧具体可以这样来实施：如果恰巧有老师路过你的教室，你可以和他商量一下，并努力和这位老师就你的提议达成一致。你可以这样提议："如果一个学生带着一封信来你的教室找你，这个信封其实是空的，但这位学生并不知道这些。我之所以让学生送一个空信封给你，其实只是为了在不与学生发生冲突的前提下将他叫到教室外边，私底下和他谈谈。所以，无论如何请你接受这位学生送来的信封，并谢谢他给你送信。谢谢。"

请认真思考一下上面所说的方法，并照着去做。假设你班上有一名学生叫蒂娜，她是一个自我防卫意识非常强的学生。在课堂上，她刚好犯了一个错误，你想私下里与她进行沟通。这时，你可以直接从抽屉中拿出一个之前早就准备好的密封的空信封，把它交给蒂娜，并对她说："蒂娜，你能穿过走廊帮我把这封信交给托马斯老师吗？谢谢。"蒂娜高兴地拿着信去找托马斯老师了。当她返回时，你已经在走廊上等着她了。当然，她自始至终都没有意识到自己已经被"欺骗"了，因为你面带笑容地跟她说："蒂娜，谢谢你为我送信。但在我们回教室之前，我想和你谈谈有关……"就这么简单！没有发生任何不愉快的冲突，真正的双赢！

今天你的活动就是与隔壁班的老师达成一个协议，并做好充分的心理准备——不断地接收密封的白色空信封！

如果你完成了！

当遇到棘手的困难时，聪明且敏锐的老师常常会迅速地从他们的锦囊里挑出一些善意的谎言，无论这善意的谎言是什么，老师都是为了一个目的——那就是帮助学生成功——这也是他们唯一信奉的座右铭。

轻松备课的清单

请静心思考

没有计划，本身就是一个失败的计划。如果没有计划，你就像是一艘缺乏锚的船，一个缺少钉子的锤子。所以，作为一名老师，每天你都需要做好你的课堂计划，这样你才能确保自己始终坚持教学的初衷，不会愈走愈远。只有你时刻清楚自己为什么要教给学生那些你正在教的东西，才能更好地教育学生，并从你的学生那里收获更多的惊喜！

你可以这样做

高效的老师都知道要想上好一堂优秀的课就必须有一个详细而周密的课堂计划，他们在精心准备一个优秀的课堂计划时会考虑很多的因素，下面的这个清单中包含了这些有效的因素。

- 确定这堂课的目的。
- 确定说服学生的方法，让学生相信这堂课所教的知识和技能与他们的生活密不可分。
- 确定让学生融入课堂的活动。
- 确定教学中需要用到的工具和材料。
- 确定向学生示范新技能的方法。
- 确定检验这堂课是否成功的方法。
- 确定在学生不能很好地掌握这堂课所教的新知识和技能时，帮助学生更好地理解它们的方法。

请仔细看看这个清单上的内容，然后对比一下以前自己在写课堂计划时的思路，并认真思考它们之间的差别，这将有助于你改善自己的课堂计划。切记，不要忽略上述清单中的任何一个因素，不仅如此，你还应该根据自己的课堂实践，随时添加一些适合你的实际情况的因素。

如果你完成了！

如果没有一个优秀的课堂计划，你根本就不可能带给学生一个生动而活跃的课堂，所以请记住：积极主动地写好每一堂课的课堂计划，远远比在每堂课来临之前你迫于教学压力不得不做计划或者不得不做更多的计划要好得多！

巧用专业术语

请静心思考

假设明天这个学期就结束了，你的学生也要离开你的课堂了，请仔细想一想：学生在你的这堂课上能学到些什么。现在，他们在上课之前还不知道你所要教给他们的知识和技能，你的目标就是告诉他们如何去获得这些知识和技能，现在就马上写下一个计划吧，让你的目标能够顺利实现。

你可以这样做

要想写好一个优秀的课堂计划，你要做的第一步就是确定你的课堂目标，在上课之初就要告诉学生哪些知识是他们必须理解的，哪些知识是在下课之前他们必须掌握的。有时候，在一堂课必须完成的教学目标还没有变得足够清晰之前，老师通常会在计划课堂主题、教学方法或者课堂任务等方面陷入困境。这样的课堂，无论对老师还是对学生来说都缺乏清晰的脉络。

一个一年级学生放学回到家，妈妈问她："今天，你在学校学了些什么呢？"她回答说："我们一直在进行翻页练习。"妈妈问："这是什么意思？"她说："老师给了我们一大堆装订在一起的学习资料，当我们完成一个学习任务后，我们就要翻到下一页去完成另一个，就这样不停地翻页！"这样的话竟然出自一个一年级孩子的口中！

我们不建议你将这种翻页练习作为一个完成课堂目标的有效方法。我们的建议是：在每堂课开始的时候就告诉学生，哪些知识是他们必须知道的，哪些知识是在下课之前他们必须掌握的。为了让你更有效地执行那些紧紧围绕教学目标而设计的课堂计划，你应该在设立目标时尽可能地使用清晰而精准的专业术语。你可以参考下面的几个例子。

- 学生需要学会做两位数的乘法。
- 学生需要进行集体讨论，以产生＿＿＿＿＿＿的想法。
- 学生需要学会在老师给予的信息的基础之上，创建一个非常直观的条形图。
- 学生需要学会用他们自己的话来复述知识。
- 学生需要学会解释处于特定的历史环境下的历史事件。

请确保自己已经在课堂计划中使用了清晰而精准的专业术语。现在你可以将这个课堂计划和自己以前的课堂计划做一下对比，然后坦白地问问自己："现在，我的课堂目标清晰和精准了吗？"

如果你完成了！

如果有人问你的学生："今天，你在学校里学到了些什么？"他是否知道如何回答这个问题，他会知道如何去展示自己在学校所学的东西吗？或者他们只是耸耸肩，然后傻笑着回答："今天，我们只是一直在进行翻页练习。"

让课堂与众不同的小技巧

请静心思考

在过去的两天中，我们已经讨论了课堂计划的重要性，并提供了课堂计划需要考虑的许多有效因素，我们还谈到了课堂计划的主要组成部分——课堂目标。

现在，你要开始做好一切准备，写一个优秀而高效的课堂计划。不管你是否相信！真正高效的课堂计划真的无须花费很长时间，而且在内容上也不必过于花哨。相反，它们的脉络简洁清晰，内容也恰到好处。今天，我们将告诉你如何让课堂计划达到这种良好的效果。

你可以这样做

下面这些简单易行的步骤和方法将有助于你写好一个高效的课堂计划。

1. 确定教学目标，找到一个方法来说服学生这堂课学习的新知识和新技能与他们的生活密不可分。

2. 确定和准备好教学时要用到的所有材料。

3. 在写课堂计划时，请尽可能多地使用以"学生需要学会……"为开头的句子，这将确保你的课堂以学生为中心。

4. 课堂计划中可以包含以下内容：如何对这个课堂计划进行简单的介绍，如何教学和示范，如何通过不断练习新技能来引导学生，如何让学生自己去尝试新技能，如何评估学生是否掌握了这个新技能，以及如何布置课堂即将结束时的回顾练习。就这么简单！

如果你的学生中有一些学生并不能快速、准确地掌握你所教的内容，你会怎么办？如何你的学生中有一些学生比别的学生更快地掌握了你所教的内容，你又会采取什么办法呢？切记：只要你在写课堂计划时能很好地运用上述方法，那么你就能在课堂计划中找到这些问题的答案。请相信我们！这些方法能够帮助你充实和丰富每一堂课的课堂计划。

如果你完成了！

如果你在写课堂计划时遵循了这些简单的方法，你就可以让自己的课堂与众不同，甚至赢得学生的喜欢。因为在你的课堂计划里有一个明确的目标，它引导着学生在学习的过程中一步一个脚印地踏实前进。不仅如此，你的课堂计划还涉及到了学生需要做的每一个步骤，以及让学生意识到所学知识和技能对他们生活的重大作用，这些都是衡量一个课堂计划是否具有高效性的重要因素。从本质上来说，课堂计划就是告诉你如何把任何东西教给任何人！

这样的课堂计划没有任何花哨的部分，也不存在任何侥幸，但从任何角度来看，它就是有效！

简单而有效的5个教学步骤

请静心思考

这几天来，你已经确定了课堂目标，也写好了优秀的课堂计划。但是直到现在，你却丝毫没有体会到教学的乐趣，这是很正常的，因为只有当你按照课堂计划来进行教学时，你才能真正带给学生最新的视野、最好的知识和最佳的技能。当然，也只有在那一刻你才能看到他们聪颖的眼中闪烁着智慧的光芒，他们稚嫩的脸上洋溢着真诚的微笑！

你可以这样做

现在，你可以按照课堂计划来进行教学了，好好享受教学的乐趣吧！再重点强调一下，大多数时候最简单的方法往往就是最有效的方法。请相信我们，下面这5个简单易行的步骤能够帮助你更好地进行教学。

1. 告诉学生，今天他们将要学习的内容，以及这些内容与他们现实生活的密切关系。在这里，我们为什么要用"告诉"这个词呢？其实就是想让你明白，你可以通过询问学生具体问题的方式，来引导学生自己告诉你为什么在他们的生活中需要这种新知识和新技能。

2. 示范新技能。示范是教学过程中最重要的一个步骤，但是它却常常被忽略！通常情况下，老师们只是先向学生解释一下新技能，然后在没有让学生彻底明白如何操作的情况下就马上让学生自己去实践。如果你的课堂教学也是以这种方式进行的话，我们将很抱歉地告诉你，从本质而言，你的教学已经开始土崩瓦解了。

3. 和学生一起练习新技能。在这个阶段，不管学生是否能掌握新技能，你都会因为和学生一起练习而感到心情愉悦。如果你发现大多数学生都没能完全掌握，那么请继续带着他们一起练习。如果时间允许的话，你甚至可以再一次详细地为学生示范这种技能的具体操作方法。

4. 现在，请督促学生自己去实践新技能。在整个实践过程中，你需要尽自己最大的努力为学生提供一切必要的指导。换句话说，也就是当学生需要帮助时，你需要为他们提供最及时、最有效的支持和帮助。

5. 如果有学生想要通过你的反馈来检验自己的学习效果，比如学生会告诉你他们在课堂上学到了哪些知识和技能，甚至会把学到的东西展示给你看，这个时候你要小心，千万不要告诉他们你的任何想法和感受！

如果你完成了！

现在，你可以先问问自己，上述的哪些步骤你能省略？你能永远有正当的理由或借口不传授给学生新技能吗？你能永远有正当的理由或借口不进行教学和示范吗？你能永远有正当的理由或借口不和学生一起练习新技能吗？你能永远有正当的理由或借口不去检验学生的学习效果，以更好地巩固他们对新技能和新知识的掌握程度吗？答案很简单，你永远都不可能有正当的理由或借口！因为对于成功的课堂来说，这每一步都至关重要。如果你能按照这些步骤教好每一堂课的话，学生将会因此享受成功的每一天！

你常常对学生的成绩感到不满意吗

请静心思考

"评估"往往意味着严肃和苛刻。其实，它并没有大家想象中的那么可怕。事实上，"教学"和"评估"这两个词是密不可分的，因为如果没有其中的一个，就很难成功地做好另一个。

你可以这样做

在昨天你所遵循的教学步骤中，你需要不断地对教学效果进行评估。在向学生介绍和示范新技能的时候，你需要评估学生是否认同这个新技能，以及他们在接下来的步骤中是否了解这个新技能。在一堂课即将结束之前，你需要准确地评估哪些学生已经掌握了这个新技能，而哪些学生没有掌握。当你明确知道哪些学生没有掌握新技能时，则需要判断这些学生通过短暂的补习就能掌握这个新技能，还是需要更长期、更深入的补习才能掌握这一技能，不断进行教学评估将有助于确保学生不会永远过于落后整个班级的平均水平。

很多老师经常这样抱怨："我对学生进行了测试，但几乎一半的学生不能通过测试！"当听到这样的抱怨时，我们常常感到困惑，这样的抱怨实际上表明了老师并没有进行有效的教学。因为如果他们进行了有效的教学，就会非常清楚学生的学习表现。高效的老师从第一次向学生介绍学科概念和知识的那一刻起，就会不断地对学生的学生效果进行评估！所以，对他们而言，掌握学生的学习表现是非常容易的事情。此外，高效的老师还会敏锐地感知到，学生还没有很好地掌握新知识和新技能，更没有做好充足的准备去应付测试，或者学生还需要更多的耐心教导。然而，事实上大多数老师根本不能像高效的老师那样对教学游刃有余，我们听到的往往是老师们对测试成绩的抱怨，这一事实明确地告诉我们，这些老师并没有很好地遵守我们在昨天提供那些简单的教学步骤。

你今天的行动就是问自己一个问题："我常常对学生的测试成绩感到不满吗？"如果你的答案是肯定的，那就意味着你需要回过头去看看我们在昨天与你分享的那些简单而有效的教学步骤。更重要的是，你要确保自己在以后的每堂课上都一如既往地遵守这些步骤。

如果你完成了！

因为你需要不停地在教学过程中评估你的每一个学生，所以你根本不可能将评估从教学中分离出来。如果能坚持评估学生的表现，你就永远不用再费尽心思去猜测学生的想法和行为动机，因为你深深地了解你的每一个学生！

为期20天的教学实践检验

今天是我们一起讨论教学的第20天，为了检验这些天你对我们讨论的所有主题的完成情况，我们设计了一个简单的调查问卷。今天你的任务就是认真地完成这个调查问卷。请仔细阅读每一栏的描述，然后在右侧栏中写上"是"或"否"。

教学实践检验问卷

1	我特别努力地呈现给学生非常积极的第一印象。	
2	当学生在我的课堂上因扰乱课堂秩序而需要调换座位时，为了让学生不觉得调换座位是一种惩罚，我使用了一种既不伤害学生尊严又能达到换座目的的方法来调换学生的座位。	
3	为了更好地了解每一个学生，我已经给学生发放了他们感兴趣的调查问卷，以此来广泛地搜集学生的兴趣爱好。	
4	我给学生家长打了电话，特别诚恳地邀请他们来参加学校的家长会。	
5	我已经制定了课堂管理章程，其中包括明确的课堂规则和常规。	
6	我一直坚持执行课堂管理章程。	
7	我与学生一起分享课堂管理章程，并将我对学生的期望明确地告诉他们。	
8	我已经答应学生永远不会在他们的同龄人面前大声训斥或者故意为难他们，到目前为止，我一直遵守这些承诺。	
9	我已经给学生发放了调查问卷，征求他们对班级的想法、意见和建议。	
10	我已经完成了第14天的行动任务，即和邻班教室的老师达成了一项协议，协议规定我们之间相互使用"传送信封"这一绝招。	
11	我已经逮到机会使用过"传送信封"这一绝招了。	
12	我为每一堂课都设立了清晰的、可衡量的教学目标。	
13	我在写课堂计划时，总是想法设法将课堂目标和学生的生活巧妙联系起来。	
14	我在写课堂计划时，运用了第18天行动指南中推荐的五个步骤。	

你的收获和计划

　　基于昨天的调查结果，请你花几分钟的时间把所思所想写在下面的横线上，你的所思所想可以包括以下内容。

- 你最近的收获。
- 你曾经学过但现在需要提醒才能回想起来的知识和技能。
- 你所注意到的学生的表现。
- 从现在开始，你计划去做的那些与众不同的事情。

_____

_____

_____

_____

_____

_____

_____

_____

延展阅读

　　在传统课堂上，学生一直很被动地接受教师的答案。风靡全球的翻转课堂、翻转学习、混合式学习，则可以让学生积极主动地按照自己的方式和节奏学习，它们现已被证明是能让所有年龄学生做到最好的教学模式。

不要让学生知道你在生气

请静心思考

当你选择在教室里公开发泄自己的情绪时，学生就会在"课堂象棋"中将你的军。

因为当你将自己的情绪一览无遗地展现给学生时，他们会轻而易举地了解你的性格，甚至会找到你的软肋，而当他们能掌控你的情绪，牵着你的鼻子走时，他们将不再保持沉默！

你可以这样做

这是一个不争的事实，即当你让学生有机会试探你的脾气、品性以及软肋时，你的学生就会知道什么情况下他们可以让你停下来，瞪着天花板发脾气。他们想看看你发脾气的时候会不会咬牙切齿，他们甚至还想看看你青筋暴突的样子可以持续多久。千万别上他们的当！

如果你让学生知道他们已经对你有所掌控，他们就会冒险对抗你。我们相信，造成这种局面最大的错误在你，你作为一名老师居然允许学生试探你个人的脾气、品性和软肋。事实上，你永远不能让学生知道他们正在触犯你的最后一根神经，不能让学生知道你的脾气正在加剧恶化，或者让他们知道你遇到挫折时容易愤怒、失控。这些都不是你作为老师的专业表现，永远都不是！

我们并不建议你寻找其他的方式来逃避问题，或者在学生犯了严重的错误需要处罚时，大声训斥学生"走开"！我们可以坦诚地告诉你，你必须以冷静、专业的方式来处理那些让你伤脑筋的情况，永远不要让学生看到你在生气、在发怒，在不断地出汗！

你今天的行动就是想想：当学生故意得罪你时，你是否会沮丧不安或者暴跳如雷，通常你是如何处理这些状况的。当学生惹你生气时，他们知道吗？他们是否知道如何激怒你？请冷静地评估你在课堂上的情绪控制，并认真思考一下，从现在开始如果再遇到上述类似的情况时，你将如何处理。

如果你完成了！

当你生气时，一定要小心，而且要加倍小心！千万不要让学生看到你愤怒的样子，否则学生会找到你的软肋。一旦他们知道如何掌控你的情绪，一切就会变得简单，因为你在学生面前是透明的。你属于学生，而不是学生属于你。一旦你被学生牵着鼻子走，他们就掌握了绝对的控制权。他们将永远不会做那些你要求他们去做的事情，并且永远不可能满足你对他们的期望。更糟糕的是，他们将不断地激怒你的情绪，试探你的底线。

对学生要有较高的期望

请静心思考

众所皆知，学生所取得的成就和老师的期望有着密切的联系，这是一个不争的事实！对此，你是怎么想的？

你可以这样做

通常，期望影响着人们生活的成败，在课堂上也是如此，我们的期望同样影响着学生的成败。如果你认为学生能做到，他们通常会努力去做到。如果你认为学生不行，他们通常真的会失败。这就是我们要对每一个学生抱有较高且合理的期望的真正原因。

大量的研究已经表明，对学生抱有很高期望的老师通常会取得更高的成就，他们的学生也会有更优异的表现。反之亦然。如果你期望学生胡作非为，他通常会这么做。如果你指望他表现得很糟糕，他通常也会随你所愿。事实上，每个学生通常会更容易完成老师所期望他们完成的事情，这可能有助于解释为什么每年那些对学生有着高期望的老师总能得到"好学生"的现象！

当然，如果你仅仅是对学生有着很高的期望，那是远远不够的。你必须明确地告诉学生你对他们的期望，告诉他们，你坚信他们一定能够完成你希望他们完成的事情，坚信他们能够像你所期待的那样去选择他们的行为方式，并且坚信他们一定能成为我们期望他们成为的人。表达了这些期望之后，我们就要积极主动地引导学生如何脚踏实地实现那些期望。当他们动摇的时候，他们会在心中不断重复你对他们的信任和期望，这将激励学生在不平坦的人生道路上坚定不移地勇往直前。

今天的行动很简单，请把你对每一个学生的期望都写下来。你可以先思考一下，你是否对有些学生抱有很高的期望，而对另外一些学生却没有抱很高的期望？你的这些期望合理吗？你向学生表达过你的期望，并让他们明确地知道你对他们的期望了吗？对于这些问题，如果你的回答是"没有"，那么你就需要重新考虑你的期望了。

学生的心声

如果您认为我可以做到，那么我通常能做到。如果您认为我不能做到，那么我通常做不到。因此，请您相信我，鼓励我，并对我有个高期望吧，我发誓我永远不会让您失望！

微笑着问候学生

请静心思考

当你走进一家餐厅，或登上一架飞机，或进入一家像沃尔玛那样的商场，那里的工作人员都会对你报以微笑！这是为什么呢？因为这些场所的工作人员都希望他们的顾客有宾至如归的感觉，一旦人们有了宾至如归的感觉，通常会更容易购买他们所销售的东西，甚至会成为回头客，和他们建立彼此信任的关系。

你可以这样做

今天，我们必须再次强调，每一天让学生觉得在你的课堂上他们都是受欢迎的，这是一件多么重要的事情！要想做到这一点，最好的方法就是每天都面带微笑满怀热情地迎接学生，并向每一个学生道一声问候"你好"或"早上好"或"你今天怎么样"或"看到你，我很高兴"。这样的效果非常明显，大多数觉得你很欢迎他们的学生通常会更高兴"买"你所"卖"的东西。

现在，让我们敞开心扉谈一谈。也许在某一天，你可能看到一些学生的确比看到其他学生会更高兴一点，这是人之常情！只要你不在学生面前表现出来，并坚持让每一个学生相信你见到他们都非常高兴，你就达到了目的。

成功问候学生的关键，就是当你每天看到每一个学生时，你都必须表现得非常开心。如果你没有在学生快要走进教室时，冲着他们喊"快点，时间很紧张，就等你了，我们马上就要开始上课了"，而是坚持每天都微笑着问候学生，那么你一定会得到一些意想不到的回报——更好的行为、更快乐的孩子、更积极上进的学生、更高的成绩，更幸福的你！没错，这不是变魔术，一个简单的问候就可以收获这所有的一切，而这一切都是你的微笑和热情所带来的。

今天的行动就是对我们刚刚讨论的话题付出行动——当学生走进教室时，不管你高兴还是不高兴，都要微笑着问候每一个学生。而且，从今天开始，你要把这个习惯作为日常工作不可或缺的一部分，始终如一地坚持下去。

如果你完成了！

一个温馨的微笑和一句简单的问候，请永远将它们坚持下去吧！让学生知道你每天都很高兴见到他们。别犹豫了，赶快微笑着和学生打招呼吧！

巧妙布置教室来展现学生的优秀成果

请静心思考

没有什么事情能比夸奖努力学习的学生"你真棒，我为你骄傲"更能表示对孩子努力付出的赞同了，家长们很喜欢把孩子的画、奖状或者得优的作业贴在冰箱上或者其他可以看到的地方。不管你信还是不信，无论多大年龄的人都喜欢别人为他们感到骄傲。作为老师，我们要鼓励学生为自己的勤奋和努力感到自豪，这样才能激励他们付出更多的努力去取得更好的成就。

下面我们将介绍一个简单的方法，告诉你如何向学生表达你为他们的勤奋努力以及他们现在所获得的成就而感自豪。

你可以这样做

为了让学生在新学期有个崭新的开始，这些天你花了很多的时间和金钱来装饰教室的墙壁。终于快完成了，谢天谢地！你现在应该已经知道，教室的墙壁主要是用来粘贴学生的作品、照片以及一些和学生相关的东西，因此，你不需要花钱买精美的装饰物或者花很长时间来装饰布告栏。事实上，学生更喜欢在墙上看到自己的东西，而不是那些精美的装饰物。

有些教室的布告栏标题是这样的，如"我们的作品"或"关于我们"或"我们学到的东西"或"我们的照片"或其他类似的标题。在这里我们需要强调一下，当你准备在布告栏展示一些学生的优秀作品时，一定要小心，因为你这样的做法很可能会把另外一些学生排斥在外。请记住，每一个学生都希望看到他们的作品能展示在布告栏中，因此你必须在布告栏中经常更换不同学生的作品。

如果你的教室有类似展示一周内学习词汇的"单词墙"，请试着让学生自己在"单词墙"上添加新的单词。如果你有学生擅长艺术，你也要想尽一切办法在教室中展示他们的作品。你还可以使用数码相机、电脑和其他电子设备，让学生负责选择、收集和展示一些课堂活动和学习资料，并将其贴在教室的布告栏中。

将学生的作品张贴在教室墙上，这一举动充分表明，你在向学生表达你为他们感到自豪；当然，你也在帮助他们为自己感到自豪；同时，你也正在让学生觉得这是他们自己的教室，事实上，它本来就是！

今天的行动很简单，就是环顾一下你的教室四周，并确定教室的墙上是否张贴了足够多的学生作品。如果没有，那就赶紧行动吧，这只是一个很简单的工作！

学生的心声

您能在教室的墙壁上展示我的作品，这就说明您一定在为我感到自豪。当您为我自豪时，我心里情不自禁地乐开了花，渐渐地，我也开始为自己感到自豪。我变得越来越自信，真的很感谢您！

经常感谢和赞美学生

请静心思考

赞美是我们能够给予和接受的最宝贵的礼物之一。每当我们赞美别人时，至少会有两个人感觉非常棒——一个是接受赞美的人，一个是给予赞美的人！赞美学生最简单的方法就是说"谢谢你"。这个简单的句子能够帮助你表达对学生好行为的赞美，以及你对这个好行为的重视，因此像赞美一个好人一样去赞美你的学生吧！请相信我们，那些能感觉到老师赞美的学生往往会表现得更好。

你可以这样做

"谢谢"这句话常常会在卓越的老师那里听到，下面我们给出了一些在教室里巧妙说"谢谢"的方法。

- 感谢大家，这么安静地走进教室。
- 苏珊，非常感谢你按时完成家庭作业。
- 埃迪，感谢你这么认真地完成学习任务。
- 琳达，谢谢你一直乖乖地待在你的座位上。
- 谢谢你帮我把门关上，埃里克。
- 丽莎，谢谢你帮助利兹处理这些事情。我知道她已经感谢过你了，但是我想让你知道，我也很感谢你！
- 谢谢你，能提前在上课铃响之前把课桌周围收拾干净，你总是那么细心，每一天放学之前你都能把课桌周围收拾干净。

今天，也希望从今往后，你能尽可能地多地感谢和赞美你的学生。如果仔细观察学生的反应，你就会注意到他们有多么开心，你还会意识到感谢的力量有多么大！如果你曾经担心自己可能让某位学生感到尴尬过，那么现在就写一张感谢的纸条，把它留在学生的课桌上以此来弥补你曾经的失误吧。

学生的心声

如果您常对我说"谢谢"的话，我会非常高兴地将您列入我最喜欢的人的名单里，这个名单包括我佩服和尊敬的人。我每天都很期待您的感谢和赞美，您的赞美和肯定是我每一天学习的动力！

有趣的健忘症：让学生开始崭新的一天

请静心思考

一位老师与我们分享了这样一个故事：

每年，我都会告诉我的学生，我有一种奇怪的健忘症。我告诉他们我只记得他们做过的每一件好事，对于他们做过的坏事我很快就会忘记。我说："如果你们做错了什么事情，我会帮助你们解决。但我想让你们知道，因为我很健忘，通常在第二天就会忘记它，所以不要让我再想起它，也不要担心我会因此而记恨你们，因为我甚至都不记得它了。"

我的学生都知道我其实不是真的健忘，我只是想以我的方式告诉他们，我永远都对事不对人，永远不会因为他们曾经做的坏事而记恨他们。毕竟，他们还是孩子，我不会从成人的角度来看待他们的表现，我想让每一个学生都知道这一点。

你可以这样做

请仔细想想这个老师所采取的策略——让自己患上一种奇怪的健忘症。通过这个方法，你的学生就会明白，你能够帮助他们及时处理错误行为，但你不会因为他们的过错而记恨他们，他们每个人都可以改过自新地开始崭新的一天。这的确是一个不错的选择，你也试试吧！

研究表明，在感到焦虑或担忧时，学生很难对学习产生热情，学习效率也会变得非常低下。如果你一直对学生的错误念念不忘，就会使得学生伤心沮丧，他们的学习积极性也会大受影响。但是，如果你让学生知道你能够很快让事情过去，而且不会对他们的错误斤斤计较，那么他们就会感到安心和舒服，也会全力以赴勇于接受挑战，并且遵规守纪，最重要的是，他们将从此永远把你记在心里。事实上，这种做法对你和学生来说真的都没有任何坏处！

学生的心声

我们的老师有一个奇怪的健忘症，她可以记住好事，忘记坏事。她选择把我们犯过的错误从她的记忆中消除，这让我们感觉很轻松，我们不再因为自己的过错而担忧，我们每个人每一天都可以拥有一个崭新的开始。

倾听学生的声音

请静心思考

有时候，学生只需要一双倾听的耳朵，因为学生也许并不需要你给他们建议，他们只需要知道你在倾听他们说话就足够了。其实，只要你能耐心听学生说话，对他们来说就真的很幸福了！

你可以这样做

作为老师，我们都进行过各种解决学生问题的专业培训，也掌握了很多解决问题的方法，然而，有时候我们还是会因为忘记倾听学生的心声而陷入各种困境。其实，跳出这种困境最好的办法非常简单，就是仔细倾听学生的声音，只是倾听！

当学生遇到困难或者需要有人倾听时，他们并不一定总会主动来找我们，通常这是因为他们不知道自己可以来找我们！因此，让学生知道我们出现在这里就是为了帮助他们，如果他们需要倾诉我们会洗耳恭听，这是非常重要的！但是，面对那些想让你不停地听他们倾诉的学生，你该怎么办呢？这些学生希望你在任何时候都能全神贯注地倾听他们讲话。碰到这种情况，你只需要简单地告诉学生："我真的想倾听你的心声，如果你有什么想对我说的，请来找我，我很高兴能够帮助你。但是，我不可能在你需要倾诉的第一时间就来到你身边，不过，我会空出课后或课间休息或上学前的任何时间来倾听你说话，我相信我们一定会找到一个彼此合适的时间。"

好吧，假设你正在上课，一个渴望你一心一意关注他的学生举手发言了。但是他所说的与讲课内容毫无关系，你知道这并不是什么大是大非的问题，因此这场谈话只是需要等待合适的时间。你可以这样答复学生："对我来说，你所说的一切都非常重要，但我们现在还不能讨论它，所以请在下课后再提醒我一下，也许下课后，我们可以谈谈它。"通常，十次中有八九次，学生在下课后会选择去玩或者休息，而不会跑来告诉你他当时在课堂上想要说的话。他当时只是想吸引大家的注意力，仅此而已！你给他的回答，在一定程度上避免了课堂进度受到学生的干扰，因为学生所要说的可能不会涉及到课堂上的知识。

你的学生是否都知道，如果他们需要倾诉，你非常愿意倾听他们的心声？如果他们不知道，那么现在是时候告诉他们了！

如果你完成了！

当学生和你说话时，请你耐心倾听，不要强行打断他们的话，或者告诉他们应该怎么做。学生只需要你借给他们一双倾听的耳朵，在向你倾诉的过程中，问题可能会变得越来越清晰，而此时答案就会出现在学生的心里，而不是在你那里！

你会鼓励学生犯错吗

请静心思考

我们总是努力教育学生，错误是学习和成长的最佳途径，犯错误并不可怕。至今为止，我们尚未找到一个对错误是极好的学习机会这一观点持怀疑态度的老师。然而，我们还是会碰到太多太多忘记将这个重要讯息传达给学生的老师。

在这些老师的课堂上，学生的错误总是很快被他们指出并纠正，不仅如此，他们还没有向学生传达正确而有效的信息，比如，"没关系，你只是犯了一个小小的错误，现在让我们看看可以从中学到些什么"，或"没关系，通过犯错误，你会知道这个技能在哪些地方不适用，你也会因此更全面地掌握这项技能"，或"不要害怕犯错误，这恰恰向我证明了，你愿意尝试新事物，我非常欣赏你的这种做法"。

你可以这样做

今天的行动包括两个步骤：

1. 在你的课堂上仔细观察自己的教学行为以及你如何鼓励学生正确对待错误。然后，问问自己："我和学生讨论过，在我的课堂上犯错误不要紧吗？我和他们讨论过错误的重要性吗？学生们知道，他们在课堂上犯错误是不会被批评的吗？我在课堂上鼓励学生犯错误吗？我会提醒学生，当他们犯错误时要从这些错误中不断学习和成长吗？"

2. 和学生一起对错误进行讨论。告诉他们，你很期待他们能在你的课堂上犯错误，并向学生强调错误能够给成长带来很好的机遇，只要我们"从自行车上摔下来"之后愿意自己在原地爬起来，并敢于再次尝试。

做完这些之后，你就会成功地帮助学生在错误面前变得更坦然，并且将错误视为成长路上的垫脚石。在接下来的两天里，我们会教你将更多的精力致力于帮助学生如何在错误面前变得更坦然，如何让他们敢于在你的课堂上冒险。

如果你完成了!

当学生知道，犯错误并不可怕，经常犯错误还能提高自己的能力，那么他们就不会惧怕犯错，反而会敢于冒更多的风险，努力取得更好的成绩!

告诉学生老师也会犯错

请静心思考

很多老师试图戴上一个假面具，以使自己看起来永远都是对的。然而，在学生心目中，那些从来不承认自己犯错的老师，往往是非常虚伪浅薄的，反倒是那些敢于承认错误的老师更容易得到学生的尊重和喜爱。

你可以这样做

不管一个老师有多优秀，他也会犯很多的错误。卓越的老师不仅会犯错误，而且敢于承认错误，因为他们懂得：

● 为了担当起一个好榜样的角色，他们应该为学生先树立一个如何处理错误行为的典范。

● 学生往往容易模仿老师处理错误行为的方式来处理自己的错误行为。

● 一个不轻易犯错的人通常是一个不愿意冒险的人，而不敢冒险的人通常很难取得成功。

● 正确面对那些需要冒险的事情。

● 有时，为了及时发现有用的东西，你必须首先发现那些无用的东西。

● 那些敢于承认错误并告诉学生如何从错误中学习的老师，比那些不这么做的老师，更容易赢得学生的尊重和喜爱。

昨天，你和学生讨论了在你的班级里错误是可以被接受甚至是非常受欢迎的，这有效帮助了学生正确面对错误，也让学生在错误面前变得更轻松。不仅如此，学生还明白了，他们不会因为犯错误而被排斥，以及错误是成长路上极其重要的学习机会。今天，你可以告诉学生自己曾经犯过的一些错误，以及你如何有选择地在错误中汲取经验教训，从而和学生发起一个讨论错误的话题。从现在开始，请继续和学生分享你所犯过的错误，让他们从你的事例中学到一些有价值的东西。

如果你完成了！

如果学生知道你居然也会犯错误，当他们从你身上知道犯错误并不可怕时，他们会敢于冒险去抓住更多成长的机会。这的确是一个鼓励学生犯错的好办法，这将激励他们在面对错误时变得更加强大。也许在不久之后，他们会开始相信这些处理错误的方法真的非常有效！

教会学生利用错误使自己进步

请静心思考

在教学生涯中，老师们会碰到一个悲哀的事实，即很多学生都害怕那些不够完美的东西。许多学生都认为自己不可能达到大家对他的期望，于是干脆自暴自弃，或者假装不在乎。

这些学生经常会说："我不在乎。"但事实上，他们真的很在乎——是够在乎到他们害怕犯错误，害怕自己出现不称职、不聪明、不受欢迎等各种类似的情况。很多学生为了让自己在他人眼中变得完美，对自己施加了很大的压力，这有可能导致他们失去自己本该拥有的快乐童年，他们不停地担忧，不断地感到焦躁不安，甚至遭到身体上、社会上和情感上的伤害。有时，他们会因为成年人的完美而感到压力。不管什么原因，如果一个学生感觉到自己不能犯错的话，这绝对不是好征兆！

你可以这样做

在过去的两天中，至少在你的课堂上，你已经帮助学生相信错误"很好"，也让他们认识到了犯错的积极影响，并且帮助他们消除了压力。没错，我们尽了最大努力帮助学生正确面对错误，尽管犯错确实会令人失望，但如果我们把犯错当作学习的机会，失望的感觉就会迅速被获得成就的自豪感所代替。

今天的行动包含了一些角色扮演。首先，针对学生经常犯的一些典型错误和学生进行一个简短的讨论。然后，把典型错误的清单发给每一个学生看。清单中可以包括以下内容：

- 回答不正确。

- 拼错单词。

- 在解决问题的过程中，缺少一两个步骤。

- 不认真学习。

- 做了一件坏事。

当你完成了这个清单后，请让学生分别从处理错误的适当方式和不适当方式两方面来进行角色扮演，然后从硬币两面性的角度来讨论这两种截然相反的方式所带来的不同结果。通过两种方式的强烈对比，你可以帮助学生正确地面对错误，消除对错误的畏惧心理。不仅如此，你还能帮助他们更好地从错误中吸取经验教训。

如果你完成了！

从今往后，你要不停地提醒学生，错误是学习的一部分。告诉他们不要害怕错误，要好好地利用错误来让自己进步得更快一些。

给学生说"跳过"的权利

请静心思考

在过去的几天里，你帮助学生以正确的心态面对冒险和错误，这使得他们在错误面前变得更加轻松，但这并不意味着学生会突然变得渴望犯错和冒险，它仅仅意味着学生在错误面前将少一点害怕和压力。

不管是小孩还是成年人，大家并不总是勇于冒险的，尤其是在同龄人面前。作为老师，我们希望学生在我们的课堂上能够感到舒适和放松。事实上，相比那些在严肃、压抑的环境中感觉害怕或者受到威胁的学生来说，那些在和谐、愉悦的班级环境中感觉很舒适的学生更敢于冒险。因此，我们将提供一个小小的技巧来帮助你在课堂上营造轻松的氛围。

你可以这样做

多年来，我们已经看到许多老师对这个小小的技巧感到惊奇——那就是给学生说"跳过"的权利。老师只需要简单地对学生说如下的话：

就像你们所知道的那样，在这个班级里我永远不会故意为难任何一个人，这对我很重要。为了能让你们更轻松高效地学习，我希望你们在班级里能够最大限度地感觉到安全和放松。因此，我会给你们说"跳过"的权利。如果我叫你们来回答问题，出于某种原因，你们不想回答，那么你们可以直接说"跳过"。你们说"跳过"可能意味着你们不知道答案，也可能意味着你们需要多一点时间去思考，或者可能意味着你们感觉不好。不管怎样，我都不会问你们这样做的真正原因，因为我希望你们在这个班级中永远不要有措手不及的感觉。

　　这个方法只在老师积极地希望学生放松的教室里才有效。如果一个老师本身对教学抱有一种消极态度的话，这个方法将不可能有明显的效果。当然，有些学生可能会觉得有机可趁，他们认为只需要说"跳过"便可以躲过老师的检查，因此老师在一开始使用这个小技巧时一定要控制学生说"跳过"的次数，让学生珍惜这样的机会，不要滥用这种权利。很多使用过这种技巧的老师反馈：其实只要老师时刻注意放松学生的情绪，关怀学生，学生不可能有占便宜的想法，相反，他们会格外重视说"跳过"的机会，这样可以确保他们因为某种情况变得措手不及时还有机会使用这种权利。相信我们，请给学生说"跳过"的机会，这一定会让你的课堂气氛得到极大的改善。

如果你完成了！

　　每一个学生都需要有说"跳过"的机会，这可以确保在他们碰到措手不及的情况时可以让自己不必过于紧张和压抑。如果你能给学生说"跳过"的权利，那么学生就不太可能陷入僵局！他们也会因此而永远感谢你，当学生感谢你时，他们会格外遵守班级纪律和勤奋学习。

让学生自己向家长承认错误

请静心思考

思考一下，下面的两封信是不是太真实了？

亲爱的家长：

今天在我的课堂上，您的孩子表现得非常糟糕，

事实上，当我不得不写这封信时，我的感觉非常不好，

因此，信中充满了失望与不快，

尽管这样，我依然觉得，我必须把它寄给您，

因为我想您也希望对孩子在学校的状况有所了解，

我希望您可以好好和他谈谈，并给予他适当的惩罚，

希望他从今往后能好好表现，尽量少惹麻烦，

如果我们不把他的这种行为扼杀在萌芽中，想必他日后一定会得寸进尺！

亲爱的老师：

我收到了您的信，并与我的儿子敞开心扉谈了谈，

他说他并没有做错什么，

他告诉我，不管他做什么，您总是莫名其妙地误解他，

孩子的这种状态必须马上改变，但是我想应该从您开始，

为了弥补您对孩子造成的伤害，我希望您向我的孩子道歉！

你可以这样做

今天，你的行动很简单，就是向学生宣布，如果他们有不良表现时，你不会再给家长写信。此时，学生一定会用他们的微笑和如释重

负来回应你告诉他们的这一好消息。然后，请告诉他们："现在，由你们来代替我写信。因为你们已经渐渐成熟，可以为自己的行为负责了。我敢肯定，你们宁愿自己亲自给父母写信，也不愿意我来给你们的父母写信。"在说这些话的时候，请一定保持真诚，千万不要带有讽刺的口吻，一定要让学生相信你这样做是为了帮助他们。我敢肯定，事情的结果一定会让你大吃一惊！

下一次，当一个学生表现不好，需要提醒他的父母时，你只需简单地对他说："我相信你已经意识到这件事必须让你父母知道，所以请写一张小纸条告诉他们发生了什么事。"当然，你和学生都要在那张小纸条上签字，而且也要让学生家长在看完小纸条后签上自己的名字。因为孩子的笔迹承认了自己犯的错误，所以家长就再也不可能怒气冲冲地告诉你他的孩子不承认错误，并指责你误解了他的孩子，对于学生家长而言，孩子自己写纸条这种方式也会减少一些火药味，而且通常会让事情变得更加可信。

如果你完成了！

如果一个孩子自己写小纸条给他的父母，承认他做了坏事，那么他的父母很容易就会相信和接受这个事实，尽管他们可能会抓狂，但是学生和家长的行为会因此而有所进步，甚至不止进步一点点！

让每个学生都成为你的宠儿

请静心思考

"老师的宠儿"是一个专有词江,专门用来形容得到老师特别关爱的学生。相比别的学生来说,老师似乎更偏爱这种学生。如果老师表现得明显偏袒一个或多个学生,而对其他学生却没那么关注时,那么很可能会引起其他学生的反感。但是,谁又能责怪他们呢?每个人都想让别人觉得自己很特别,即使最调皮的学生也会偷偷地希望老师能够关心他们。

喜欢一些学生比其他学生更多一点,这是人的本性吗?我可以毫不迟疑地告诉你:是!一些学生更容易比其他学生让人喜欢吗?我同样可以毫不迟疑地告诉你:是!但是,我想向你强调的是:学生并不知道这一点!

你可以这样做

我们所有的人都喜欢那些喜欢自己的人,这是一个毋庸置疑的事实。当了解了这一点之后,你就会明白,对于老师来说重要的事情就是让学生感到"被喜欢"。当然,仅仅意识到这一点是远远不够的,你还需要为此付出实际行动。我们建议你做那些卓越的老师正在做的事情,即让每一个学生都感觉自己是你最喜欢的学生。这是很容易做到的。

● 每一天,当学生走进教室时,一视同仁地问候所有的学生。请一定叫出他们的名字,这对学生意义重大。

● 不要表现出偏袒少数学生。

● 要努力表现得对每一个学生都感兴趣,认真了解他们的"个人喜好"，让每一个学生都时不时地做你"特别的偏袒者"。

● 在每一天每一堂课上，记得关注每一个学生。

● 当他们下课或者放学时，向所有的学生道别，并再次叫出他们的名字。

如果你完成了!

我的班级里有30个学生，每一个都是我的宠儿。为了让每一个学生都感觉自己很特别，我不断地去接近、了解他们，以挖掘出他们最大的优点!

让学生写下他们喜欢做的5件事情

请静心思考

如果你想让学生感到你在意他们的意见，那么接下来请你认认真真地倾听学生的想法和意见。让学生有机会告诉你，到目前为止在你的班级和课堂中究竟什么才是他们真正喜欢的，这将有助于学生知道你能广纳建议并且重视他们的意见。当然，这并不是说你必须允许他们做自己想做的一切事情。但是，不可否认，我们曾经得到的最好的建议确实来自我们的学生！

你可以这样做

今天的行动就是简单地要求你的学生说出他们喜欢做的5件事情，并把学生的回答记录下来。例如，有些学生可能会说他们喜欢学习小组或者你和他们一起玩过的某个游戏。请将这些学生的回答列成清单，并告诉学生，在一两天内你将和他们一起讨论这些事情。

_____

_____

_____

_____

如果你完成了！

当你收集完学生的回答后，请将它们汇总起来，并在未来的一两天内和你的学生一起解决这些事情。

让学生写下他们不喜欢做的5件事情

请静心思考

昨天，你让学生说出了他们在你的课堂上所喜欢的事情，同样重要的是，你还要让学生有机会告诉你他们所不喜欢的事情，这些也许可以让你明白哪些事情能或者哪些事情不能激励学生实现自己的目标和理想。现在，假设一个学生说他不喜欢考试，我们当然不建议你停止考试！但是，通过学生的这个回答，你可能会发现这个学生正遭受着考试所带来的焦虑，而你可以及时地帮助他克服这种情绪。正如我们所说的，知道每一个学生不喜欢什么与知道他们喜欢什么是同样重要的。

你可以这样做

今天的行动就是简单地要求你的学生说出在你的班级他们不喜欢做的5件事情，把学生的回答记录下来列成清单，并告诉他们你将在明天和他们一起讨论这些事情。

_____

_____

_____

_____

如果你完成了！

当你收集完学生的回答后，请将它们汇总起来，并在未来的一两天内，和你的学生一起解决这些事情。

理性地采纳学生的建议

请静心思考

你是否曾经填写过调查问卷，在填写时你会不会想"会有人看这个吗"？当知道有人会在意我们的想法和感受时，我们都会非常高兴（这也值得高兴）。我们的学生也同样如此！

你可以这样做

今天，你需要花一些时间与学生讨论一下前两天学生所列出的喜欢与不喜欢的五件事情的结果。请一定委婉地处理这些事情，例如，假设一个或多个学生对你说："我不喜欢每当我们想要和我们的朋友聊天时，我们却不能说话。"当你讨论这件事情时，你可以尝试着这样回答学生："我完全理解你想要和朋友聊天的心情，这是人的天性。但是我想，你应该等下课之后，因为你明白在课堂上不能随意和别人说话……"然后，继续和学生解释这么做主要是为了让大家更好地集中时间和精力学习。切记：不要被学生的喜恶甚至是你自己的喜恶所左右，一定要坚持原则。

这次行动能否取得成功的关键，就是在尊重学生意见的同时，灵活地和学生沟通，千万不能被学生所左右。如果有人说："我认为我们应该玩更多的游戏。"你可以这样回答："你说得非常对！这说明你已经注意到，当我们参与积极的学习游戏时，我们所有的人都会学得比之前更好。所以，我会采纳你的建议，在我的教学过程中我会增加更多的学习游戏。谢谢你给我的建议，我会认真思考的。当然，我也希望你们意识到，如果在课堂上沉迷于游戏，对学习是非常不利的。"

如果你完成了!

你已经成功地听取了学生的意见!通过采取这样的策略,你让学生更积极地参与到班级的管理中,为班级贡献了自己的一份力量和智慧。

如果所有的老师都能够积极采取这样的策略,他们的课堂就会变得积极而活跃,学生也会表现得更加出色!

邀请校长参加学生活动

请静心思考

让学生站在你这一边的最好方法就是让他们确信你深深地为他们感到骄傲。表达你为他们感到骄傲的最好方式就是邀请校长来参加学生的活动，让他亲眼目睹学生们正在完成或者已经取得的非凡成就。

你可以这样做

今天的行动很简单：向校长发出书面邀请，邀请他来参加学生的活动，并让他看看学生正在做的一些特别的事情和他们所取得的成就。你可以和学生做一笔"大交易"，我们指的是这个"大交易"对所有年级的学生都很适用！那就是你可以让学生帮助你一起来完成这次邀请，并告诉他们你已经迫不及待要向校长夸赞他们了。然后，派一个学生甚至一群学生，将这份邀请函送到校长办公室。我们建议你将这件事情提前告诉校长，以便当邀请函被学生送到时，他事先能做好心理准备接受这个邀请，并且积极配合这次行动，让它看上去就像是一个重大的事情。

我们再次强调一下，这个方法对所有年级的学生都很适用。我们始终认为，赞美那些值得赞美的东西从来都不会太晚！在发出邀请的同时你需要和校长约定一个时间，以便你准确知道他来教室的时间，这将有助于你和学生做好充足的准备工作。没错，你很希望学生能做好准备，在校长面前好好表现自己，好好展示他最好的工作和行为。这所有的一切都将有助于确保这次行动的成功，而这也正是你想要的——像所有卓越的老师一样去行动——不断发现让学生成功的新方法！

我相信，你一定会被这个行动的结果惊呆的。此外，为了让你这次的行动获得更好的效果，你还可以参考下面的行动建议。

● 你要告诉学生你为他们感到骄傲，这将有利于让他们和你站在同一战线上。

● 你要为校长展示学生所取得的许多杰出的成就。

● 你要提醒校长告诉学生他为他们感到骄傲，这将有助于学生为自己感到骄傲。

如果你完成了！

大声地告诉学生，你为他们的所作所为感到骄傲，你可以通过邀请校长和更多的老师加入赞美学生的行列中，这样会大大地增强学生的自信心，学生将更有激情去做你想要他们做的事情！所以，用尽一切办法毫不掩饰地向学生表达你对他们的骄傲吧，你会看到他们美丽的笑容和快乐的身影！

课堂教学要与生活紧密结合

请静心思考

你有没有玩过拼图游戏？那可是相当艰巨的任务。但不管有多么艰巨，至少你知道拼好后的成品是怎样的，因为成品图片就印在包装盒上。事实上，包装盒上的图片就是吸引你不管有多难都要坚持拼下去的动力。

你可以这样做

现在，请想象一下，你在给学生讲解某一知识，假设你事先没有给学生展现掌握这一知识后的美好蓝图，学生的学习热情会怎样？学习效果又会怎样？这一事实就像在没有看见拼图包装盒上的成品图的情况下试图把零七八碎的纸片拼起来一样，这简直是一件无法完成的任务！然而，太多的时候，老师总是迫不及待地为学生灌输大量的知识，而忽视了为学生描绘学习的蓝图，结果当然只有一个，那就是老师不得不心疲力竭地结束与泄气的、失败的、无心向学的学生之间的毫无意义的拉锯战。

举个例子，假设你正在给学生讲解数学中如何计算周长、面积和体积。在教给学生计算公式之前，你一定要让学生知道这些知识与他们的现实生活有着怎样密切的联系。通常情况下，我们会看到老师在黑板上绘制出一个矩形，并告诉学生计算面积的方式就是长度乘以宽度。学生虽然练习了这种技能，但是他们没有看到真正的场景图片或者没有理解学习这个技能的目的，因此，这样的课堂活动在学生看来是毫无意义的。

相反，你可以选择这样做：拿出一块硬纸板。如果你喜欢的话，可以把它涂成绿色，因为这将是一个后院。你可以对学生说："假设这是你的新后院，我们将要在这个后院建一个游泳池，你可以自己决定游泳池的大小和位置。你也可以将烤盘当成游泳池，沿着烤盘的模子剪下纸板，将其当作游泳池。然后，计算游泳池的容水量。你甚至可以为游泳池四周筑上池墙。你知道如何计算它们的周长、面积和体积吗？"学生非常喜欢这种类型的课堂活动！然后，你还可以给学生一些不同的纸板模型和各种不同的当作游泳池的烤盘。这样的话，每个学生都可以依据自己计算出来的周长、面积和体积设计自己的后院，并建筑自己的游泳池、池墙等。学生甚至还可以在自己的后院里放置一些草、树和池塘物件模板等。我相信，你一定会对你的这些小小建筑设计师感到惊讶不已的！

学生的心声

如果我知道我们的学习任务和现实生活紧密相联的话，我的学习动力就会随之大增，挫折感则会随之减弱，因为我想努力让自己的生活变得更好，我希望自己所学到的东西能够改变我的生活。

为期20天的教学实践检验

为了检验这20天来你对我们讨论的所有主题的完成情况，我们设计了一个简单的调查问卷。今天你的任务就是认真地完成这个调查问卷。请仔细阅读每一栏的描述，然后在右侧栏中写上"是"或"否"。

教学实践检验问卷

1	当学生惹怒我或者让我心烦意乱时，我通常会小心地不让学生知道这些。	
2	我对我的学生有较高且合理的期望。	
3	每天，当学生进入我的教室时，我都会热情地问候每一个学生。	
4	学生的作品总是被我重点突出地展示在教室里的每一个角落。	
5	我经常在我的课堂上使用"谢谢你"这句话。	
6	我总是故意让自己患有特殊的"健忘症"，这能让我的学生毫无压力地重新开始每一天。	
7	我试图在所有学生面前，做一个好听众。	
8	我会尽一切努力来帮助我的学生以正确的心态面对错误，并在犯错误时不感到心慌，我也会经常和我的学生分享一些自己曾经犯过的错误。	
9	我借鉴了第32天中所讲述的技巧，已经给予了学生说"跳过"的权利。	
10	当学生在学校表现不好，需要告诉他的父母时，我会让学生自己把事情写在纸条上，交给他们的父母。	
11	我会努力做到让每个学生都感觉自己是我最喜欢的学生。	
12	我允许学生和我分享他们在我的班级里那些喜欢或者不喜欢的事情。	
13	每天，我都会为学生提供所学知识的蓝图，它能将知识与学生的现实生活巧妙地联系起来（就像我们在第39天所讨论的那样）。	
14	我偶尔会邀请校长来班级参加学生活动，让学生有机会在校长面前分享他们取得的成就。	

你的收获和计划

　　基于昨天的调查结果，请你花几分钟的时间把所思所想写在下面的横线上，你的所思所想可以包括以下内容。

- 你最近的收获。
- 你曾经学过但现在需要提醒才能回想起来的知识和技能。
- 你所注意到的学生的表现。
- 从现在开始，你计划去做的那些与众不同的事情。

_____

_____

_____

_____

_____

_____

_____

_____

延展阅读

　　教育不仅仅只是教授学生知识，更重要的是要努力培养学生的最佳学习力、专注力、记忆力，让学生快乐、快速、有效地进行学习。要实现这些愿景，单靠教师自己一个人的努力是远远不够，我们必须更多地关注和借鉴周围乃至全世界成功教师的高效方法。

给家长写一张"表扬小纸条"吧

请静心思考

有些家长能够积极参与对孩子的教育，而有些家长却不会那么积极。有些家长能够随时准备回应你打来的任何电话或者送到家的任何纸条，而有些家长却不会这么做。但是，不管怎样，所有的家长都喜欢从老师这听到关于孩子的好消息。所以，今天我们鼓励你向家长夸赞他们的孩子。

你可以这样做

给班上所有学生的家长都写一张简短的表扬孩子的小纸条。每个家长只需写一张，但切记不要给每个家长都写一模一样的纸条。在小纸条中老师可以说这样的话：

亲爱的家长：

　　您好！

　　我很高兴告诉您今年我们班级所取得的一些成就，尤其是您的孩子_____取得的进步。下面这些事情，让我为您的孩子感到非常骄傲，

（学生的名字）

希望您也能为他的行为感到骄傲。

1.

2.

3.

4

5.

　　我很高兴能够担任您孩子的老师。谢谢您的支持。请随时与我联系。

我的联系方式是：_____

　　此致

敬礼！

　　　　　　　　　　　您真诚的_____

如果你完成了!

给你的每一个学生家长都写一份这样的小纸条,并要求学生带回家给他们,就这么简单!通过这样的方式,你轻松地让学生将自己在学校的好消息带回家和父母一起分享。你不仅向学生的父母表达了对他们的信任和欣赏,而且向学生表达了你为他们感到骄傲和自豪,甚至展现了你对学生和教学的满腔热爱,没有哪个父母会藐视有关自己孩子的好消息。当家长相信你关心他们的孩子时,他们会更乐于配合你的工作。让学生将这类小纸条带回家给父母吧,因为这对所有人来说都没有任何坏处!

让学生保持清醒的课间休息法

请静心思考

当你开车时，你是否曾经经历过公路催眠[1]？如果你曾经有过公路催眠的经历，就应该知道最好的解决方法就是把车停下来，在附近的路上稍微走上一小会儿。当你听讲座时，你是否曾经走神过？当你倾听一场冗长的讲话时，你是否曾经睡着过？希望你不会，但如果你有这样的经历也是再正常不过了的。当事情变得单调时，我们很容易丧失注意力。而如果不停下来多活动活动的话，我们是很容易睡着的。这就是为什么我们中的所有人在看电视时，即使是在看我们很感兴趣的节目时，都有过睡着的经历。

在教室里也同样是这样的。当学生正在进行单调的任务时，他们往往很容易丧失他们的注意力。如果此时他们没有时间活动的话，他们很可能禁不住瞌睡虫的诱惑，而进入睡梦中！

你可以这样做

高效的老师是很容易应对这类现象的，其中的秘诀就是为学生经常提供休息的时间，这样不仅可以让他们更好地参与课堂活动，而且能让他们集中注意力，保持大脑清醒。老师可以使用下面的方法让学生进行适当的休息。有时，老师可以这样说："好吧，你们有25秒的时间，站起来，舒展一下吧。"当然，这些老师还有一条非常明确的规章制度，专门针对学生休息完之后如何有序地回到自己的座位上，并保

---

① 公路催眠，是指驾驶员在长途跋涉、紧张地驾车过程中，注意力高度集中并长时间目不转睛地注视前方，产生视力疲劳，逐渐地进入催眠状态的现象。

持安静。有时，老师也可以这样说："转向旁边的同学，给你们一分钟时间讨论你们对刚刚所学知识的想法。"此外，老师还可以这样说："每个人都站起来，走到教室前面，围着我坐成一个半圆形。"

我们还能想到很多很多类似的例子，但这个方法的前提是课间活动必须井然有序地进行，不然教室会乱成一锅粥。

记住：避免课堂上的千篇一律就是避免课堂催眠的最好的办法。当学生感觉疲乏时，多为学生提供短暂的舒展休息，保持学生身体的运动，就能有效避免课堂催眠现象。

学生的心声

老师，我真的很困，请允许我休息一下，让我清醒。如果您允许我疲惫的时候偶尔运动一下，我的注意力会很快集中起来，如果您能让我做点课间小游戏，我的瞌睡虫就会被赶跑。很快，您就会惊讶地发现，我很少再出现上课睡觉的现象了！

永远支持你的学生

请静心思考

在你的生活中是否存在这样的人——配偶、朋友、家庭成员或者同事——在你遇到了困难时，在你想发脾气时，在你想分享一些高兴的事情时，或者在你需要有人倾听时，他们会陪在你身边？尽管大多数时候你都要靠自己去寻找解决问题的办法。然而，如果知道有个人在你需要他的时候可以随时找到他，你就会觉得心安。

没错，知道有人随时都在关心你，的确是一件让人舒心的事情。不管你信还是不信，在有些学生的生活中确实没有出现过上面所说的任何一种人。当然，世界上也的确有人能一直从那些会关心别人的人和愿意倾听别人的人或者能为别人提供支持的人身上得到许多益处。我们希望你能做一个愿意为别人提供帮助的人！

你可以这样做

如果学生需要你时，他们需要知道你会一直在他们能随时找到的地方，默默支持他们。即使他们从来没有找过你，那也没关系，只要学生想到你就能产生心安的感觉你就已经很成功了。

当学生信任他们的老师时，当他们知道在他们需要老师的时候，可以去找自己的老师时；当他们知道自己能够随时与一个真诚为他们感到快乐和骄傲的老师分享好消息时，学生通常会和老师团结起来，积极解决问题；当你能够建立起与学生之间的团结时，他们通常会表现得更好，从根本上说，他们甚至会努力去做任何一件你想要他们做的事情。

不要理所当然地认为学生早就知道，当他们需要你的时候，你会一直在他们能找到你的地方，事实上他们很可能真的不知道你欢迎他们找你。因此，你应该亲口告诉学生，你会一直站在他们身边支持他们。一定要大声地告诉他们！一字一句地告诉他们！

今天，你可以抽出时间告诉学生："我希望你们都知道我很关心你们，不仅仅是因为你们是我的学生，而是因为你们本身就是值得我关心的人。对我而言，你们身上所发生的每一件事情都是非常重要的。我想让你们知道，在你们遇到挫折时，我会永远站在你们身边为你们提供帮助；在你们为一个问题而苦恼时，我会永远为你们提供我最好的意见；在你们需要倾诉时，我会随时借给你们一双倾听的耳朵；所以，不要犹豫了，快到我这里来吧，我将永远为你们腾出时间。我虽然不能保证能为你们找到正确的答案或者解决问题的最佳方式，但我一定会竭尽全力尝试任何我能想到和做到的方法来帮助你们。"

学生的心声

在我需要谈论一个问题，或者告诉您一个举动时，我其实并不是指望您能帮助我，我只要知道您会为了帮助我而一直站在我身边，对我来说就是一件非常幸福的事情。

只要知道我可以随时去找您，这对我来说就已经意味着很多很多了。因此，非常感谢您一直在我身边——我将永远钦佩和信任您！

了解学生心目中的英雄人物（1）

请静心思考

每个人心中都有自己的英雄——那些因为非凡事迹或人格特质而让我们钦佩甚至经常试图效仿他们言行举止的人。英雄可以是任何人——父母、老师、朋友、娱乐明星、历史英雄人物等。孩子们需要以正面的英雄人物为榜样，在孩童时期，他们就已经开始在心目中确定了自己的英雄人物。

你可以这样做

请花几分钟的时间和学生讨论一下他们心中的英雄的特征：

- 一个人能成为英雄的最重要的品质是什么？
- 任何人都可以成为英雄吗？
- 列出一些你认为英雄应该具有的特质。
- 你最希望成为谁，为什么？

让学生写一两个他们心中的英雄——说说他们是谁，为什么认为他们是英雄。然后，告诉学生，在未来的三天内，他们每个人都要在班上和同学们分享一位他们心中的英雄。我们将这个活动延长至三天来完成，这样平均到每一天就只需要几分钟的时间。我们真的知道你每天都有很多的事情需要完成，但是每天只需要花费几分钟的时间就可以帮助你的学生成为更好的人，这点付出是完全值得的！

这项活动不仅鼓励学生思考他们所敬佩的英雄的高贵品质，对你而言也有一个额外的好处，那就是知道每个学生对于心中英雄的认识，这将有助于你更好地了解学生。

了解一个学生心目中钦佩的英雄的性格特征，你就会了解这个学生许多重要的信息。这项活动可以提高你的洞察力，帮助你敏锐地察觉到学生的动力是什么！

如果你完成了！

让学生告诉你他们所钦佩的英雄是谁，这将有助于你更好地认识你的学生。英雄往往可以点燃学生的精神之火，这会导致学生效仿自己心目中英雄的言行举止。因此，作为老师，你必须关注学生心目中的英雄，指导学生正确地认识自己心目中的英雄，这对你而言将是一件事半功倍的事情。

了解学生心目中的英雄人物（2）

今天，请让你班级三分之一的学生在班上分享他们心目中的一个英雄人物，每个人大约有30秒的分享时间。你可以在下面的空白部分记录下每个学生心中的英雄人物。

_____

_____

_____

_____

_____

_____

_____

_____

_____

_____

_____

_____

_____

_____

了解学生心目中的英雄人物（3）

请让你班级另外三分之一的学生在班上分享他们心目中的一个英雄人物，每个人大约有30秒的分享时间。同样的，你可以在下面的空白部分记录下每个学生心中的英雄人物。

了解学生心目中的英雄人物（4）

　　请让你班级最后剩余的三分之一的学生在班上分享他们心目中的一个英雄人物，每个人大约有30秒的分享时间。同样的，你可以在下面的空白部分记录下每个学生心中的英雄人物。

抛弃旧的教学方式

请静心思考

教学，经常被当成一种只需要少量专业知识的职业，它日复一日地重复，看上去甚至和30年、40年或者更久之前的教学没什么差别。还好，医学不是！谢天谢地。当然，这并不意味着30年、40年、50年之前的医生的所作所为就是不好的或者错误的。那个时候，他们也尽自己最大的能力做到了最好。甚至到今天，很多年前的医生所给出的建议和所使用的工具依然非常有效。自从人们认为吃水果能够促进身体健康，"一天一个苹果……"就像真理一样流传了下来。

你可以这样做

在教学领域，我们并没有认为很多年前流传下来的旧方法在今天的课堂就不管用。举个例子，坚持建立和执行明确的规则和常规是很多年以前流传下来的教学方法，但今天依然有效。然而，大家也都知道，多年前的很多教学技巧在今天已经完全失效了。但是，为什么今天我们开创了很多教导学生的更新更好的方式，却依然有很多的老师将宝贵的生命用来浪费在保持旧的教学方式上呢？这也就是为什么他们的教学方式看上去依然和第一次教学时一样的重要原因。其实，答案很简单，因为旧的教学方式就像是他们的舒适地带，不需要他们做出任何费力的改变。

我们每个人身上都或多或少地存在着舒适地带，它是我们面临的很多困境的根源。比如，在我们宝贵的生命中，我们依然还在使用那些已经没有任何效果的旧方法，我们还在保留那些糟糕得不能再糟糕

第 49 天

的工作流程，我们还待在让人沮丧绝望的人际关系中。的确，每个人都愿意待在自己熟悉的领域，不想做出任何陌生的改变，即便这种改变是进步的。然而，作为老师，为了学生更好的成功，我们必须像期望医生不断突破他们的舒适地带以不断学习和改善医疗技术那样，期望自己在教学领域也与时俱进。

今天的行动就是简单地列出几个你认为有点过时、可能需要增加乐趣的教学方式，这就是你教学中需要改变的舒适地带，你只需要列出它们。在接下来的几天中，我们将帮助你移出你的舒适地带。

如果你完成了！

今天，你深刻地体会到人们为什么害怕做出改变了吧？对很多人来说，熟悉的感觉就像他们非常可靠的老朋友一样。当他们感觉安全和满足时，那种舒服的感觉让人眷念不已。很多人害怕将自己的生命置于完全陌生和异常艰难的境地，但是如果不离开自己的舒适地带，你就会成为井底之蛙，拘谨而卑微地活着。因此，请勇敢地离开你的舒适地带吧，你会发现不一样的世界和不一样的自己。

小改变，大收获

请静心思考

说到讲课，大多数课堂其实都一样，老师在讲台上毫无激情地讲，而学生在下边无聊地做笔记，这样的课堂环境极易让人产生沉闷感，这种教学方式也因此被认为是教学方法中最没有效果的一种方式。但是，它依然是老师最经常使用的方法。那么，我们应该如何打破这种僵局呢？

你可以这样做

举个例子，在阅读课上，老师会习惯性地让学生轮流念读，即每个学生读一小段的方式，这的确可以保证每个学生都集中注意力去阅读自己应该读的那一小段。但是老师却没有让学生带着问题去阅读，只是像完成任务那样让学生漫无目的地阅读文章。这样的方式显然不会有任何效果，但依然是老师最经常使用的方法。

那么如何打破这种长期流传下来的、毫无效果的阅读方法呢？怎样让学生在阅读过程中进行极具意义的互动讨论呢？怎样单独抽出一章，让学生独立分析那些小片段，不断讨论、解释和综合分析需要掌握的知识呢？怎样让学生使用一个精彩的故事来有效展现所学的知识和技能呢？怎样克服漫无目的的阅读，让那些学生并不感兴趣的东西变得有趣呢？怎样引导学生用新的方法来展开阅读呢？怎样向学生提供补充性阅读知识呢？我们并不建议你扔掉教科书或者抛弃原有的教学方式，我们旨在帮助你重新思考你如何更好地使用它们。

昨天，我们已经列出两个或三个需要增加乐趣的教学方式。今天，请你为列出来的每个教学方式想出一个解决的方法——只要一种方法——以改善每一个教学方式所存在的问题。事实上，我们可以想象的到你所列出来的每个教学方式都没有你所希望的那么有效。你需要努力做出微小的调整以改善这种情况，可以肯定的是，你完全不需要做出大幅度的调整和改变。

举个例子，你可能习惯于让学生读完整整一章后再回答问题。没关系，你可以换个角度来解决这个问题，你可以尝试着将一整章分成很多小节，并且为每一个小节想出一个特定的主题和目标，让学生针对指定的文本进行互动合作与小组讨论。一个小小的改变，就可以让学生在课堂互动、合作学习、理解知识和获得成就等方面发生很大的变化。

如果你完成了！

在教学过程中，你必须改变那些缺乏活力的旧方式，重新对它进行调整和改善。而这所有的一切只有当你勇于跳出自己的舒适地带时，才有可能实现。不要再犹豫了，尽管前方是一片未知的深不可测的海域，但只要你有足够的勇气，就一定能扬帆远航！

教给学生真正实用的本领

请静心思考

星期一，您给了我星期五就要测试的20个词汇。

我每天晚上强迫自己默写这些词汇5次，我尽自己最大的努力学习它们。

星期五，我为测试做好了充足的准备，我要把自己的努力全部展现给您看。

一切都如我所愿，我对每一个单词都了如指掌。

但是我有一个秘密想要告诉您——尽管我赢得了很好的成绩。

但是，现在那些词汇已经远离了我的记忆，我没有真正学到一个词汇。

您想，在日常的交谈中，我从来没有使用过或者说过这些词汇。

所以，我觉得我们只是在浪费宝贵的时间——一个多么可怕的真相！

因此，下一次，请抛弃这些清单，教我们如何使用这些词汇。

如果您不这么做的话，那么我很快就会忘记它们，它们会像鸟儿一样从我的记忆中飞走。

我多么想永远记住自己所学到的知识，

我多么期望能获得优异的成绩，并因此获得您的赞美与奖励。

我多么想成为一个聪明、机智和智慧的人，但是当我强迫自己背诵时，我深深地明白，智慧是不可能青睐我的。

我真的很想很想学习，您知道的！

因此，请您"抛弃"词汇清单吧，看着我健康快乐地成长！

你可以这样做

对于前面这首诗歌的情感，相信每个当过老师或学生的人都不会陌生吧？多年来，学生们都被强制背诵一大堆词汇——这是一个有着可怕后果的可怕任务。我们的建议是，请你"抛弃"词汇清单，用更有效的方法讲解这些词汇，你甚至可以把它们添加到除了每周测试之外的日常使用词汇范围中，以便学生能够真正掌握这些词汇。

在任何学科领域，词汇课都应该包括多种讲解方式，以便学生能破译词义、练习使用词汇、讨论词汇和学习一些和词汇有关的概念、利用这些词汇解决问题、时刻抓住机会将这些词汇纳入他们的写作和交谈之中，等等。词汇背诵清单从来没有产生过任何效果，而且将来也不可能产生什么效果。

学生的心声

我真的很想学习，学到真正实用的本领，您知道的！因此，请你"抛弃"词汇清单吧，看着我健康快乐地成长！

不要让学生死记硬背

请静心思考

如果你问人们，谁的头像被印在五元、十元、二十元以及一百元的钞票上，我想绝大多数人都无法准确地回答这个问题，尽管大多数人每天都在使用各种各样的钞票。事实上，我们大多数人在学校的时候，都不得不去背诵印在钞票上的头像。但是，几乎所有人现在都已经忘记了。为什么呢？因为在你花费它们的时候，你并不需要记住印在钞票上面的是谁的头像！你只需要知道印在钞票上的数字就可以知道它的价值。

如果你再问问人们关于美国历届总统的名字，绝大多数人也会非常不幸地答错。为什么呢？因为尽管他们在学校的时候，曾经不得不背诵这些东西，但是现在他们已经完全忘记了。

当然，我们还要告诉你一个好消息，在当今世界，获取信息已经变得非常容易。现今最重要的是，当你需要它的时候，你要知道如何去获取你想要的信息。坏消息则是，现在还有太多的老师为了应付每周测试，仍然要求学生去背诵那些对他们的生活没有任何帮助的知识。

我们并不是说，在课堂上提及谁的头像印在钞票上、讨论历史人物以及为什么他们的头像会被印在钞票上，就大错特错，我们是建议你不要强制学生去背诵那些知识。

你可以这样做

今天的行动很简单：回顾一下你经常要求学生背诵的知识，然后，问自己以下问题：学生是否需要记住这些知识，以便能够在生活中熟练使用一些特定技能呢？如果你的答案是肯定的，那么它就是有意义的记忆。例如，在阅读课上，你要求学生背诵那些常用字词——那些在阅读时频繁出现的以及一看就能用得上的字词——那么，这就是有意义的记忆。但是如果你要求学生背诵那些他们一考完试就会忘记的知识，那么你可能需要重新审视一下自己的做法了。

如果你完成了！

请确定使用记忆的因果关系，如果它缺乏意义，那么请考虑停止这种毫无价值的做法。

停下来，想想为什么

请静心思考

当学生在课堂上出现行为问题时，我们通常需要从两个方面来考虑如何着手处理相关的问题，因为这不是学生的问题就是老师的问题。如果这是学生的原因，那么这个问题则意味着和老师本身、教学方法以及管理方法没有关系。如果这是老师的原因，那么这个问题则显然意味着是老师的错误导致了它的发生。确定问题的真正原因有助于我们找到真正解决问题的方法。

你可以这样做

记住：作为一名老师，你不能主观臆断地假定这个问题就是"学生的错"，除非你对以下9种情况都很确定。

1. 常规没问题；

2. 组织纪律没问题；

3. 在与学生保持密切的良好关系方面没问题；

4. 老师的热情没问题；

5. 当学生无事可做时，老师能迅速补充教学知识，学生没有时间调皮捣蛋；

6. 老师能确保每一个学生都能获得不同程度的成功；

7. 课程不仅有精心准备的课堂计划，而且和学生的生活紧密相连，老师能够确保学生在课堂上积极参与；

8. 每一个学生都得到了尊重；

9. 老师绝不会让学生惹怒自己。

如果上述清单上所有的情况都没有出现差错，那么你要处理的将是学生的问题。但是如果这9种情况中有一种出了差错，那么你应该把这个差错纠正之后，再决定这个行为问题是否和学生有关。因此，你的首要任务就是拿出这份清单，然后确定上面的每种情况是否都在正常运转。最后，如果你确定这个问题与你有关，那么你必须迅速地对你的行为进行及时调整。如果你确定这个问题和你的学生有关，那么你需要和学生一起来解决这个问题。

多年来，我们不断地发现，在老师的课堂上，如果上述清单中的9种情况都正常运转，那么学生的课堂行为问题就会越来越少。

如果你完成了！

当你停下来，耐心地确定学生的课堂行为问题发生的真正原因时，解决问题的方法会越来越清晰，距离成功解决问题的途径也会越来越近。

让你的声音平静下来

请静心思考

大多数老师都会承认这样一个事实——你说话越大声，别人听进去的可能性就越少。一个温柔、平静的声音很容易传达你对他人的关心，而一个高分贝的声音则很容易传达你的激动和愤怒。在课堂上，如果老师能用一种冷静的方式克制自己，即便在学生失控时也能保持冷静，那么学生将会回报给老师意想不到的惊喜。

你可以这样做

许多研究证明，学生会不知不觉地模仿老师的行为举止，这就是为什么同样的学生在不同老师的课堂上会有不同表现的原因所在。在那些喜欢大声说话、极少保持冷静的老师的课堂上，课堂行为问题非常明显。卓越的老师则非常注重这一点，他们会用尽一切办法，努力使自己保持冷静或者看上去显得冷静。当然，这并不意味着他们总是"感觉"自己很平静，很容易自控，相对而言，他们只是选择了看上去"显得"很平静罢了。其实，要达到这种效果很简单，最好的方法就是尽量用温柔平缓的语气说话。

今天，请你为自己的声音进行测评，请回答下列问题。

● 在课堂上，当学生犯了错误，我批评他时，我的声音会变得很大吗？

● 在课堂上，我讲话的声音很大吗？

● 在课堂上，我一直都在努力保持平静的行为举止吗？

● 在和学生发生冲突时，如果学生的声音变得越来越大，我是否意识到，此时我的声音必须越来越温柔才能有效地解决问题？

● 有人偶尔路过我的教室时，是否能听到我为了控制学生或者课堂而极力提高自己声音？

● 在课堂上，我的声音是否曾经表达过我的激动和愤怒？

如果你已经确定要让你的声音平静下来，那么从今天就开始练习吧！你会发现如果你试着让你的声音平静下来，学生的行为立即就会有不一样的变化。

学生的心声

舒缓的声音，就像止痛药，它能安慰我，让我冷静下来。因此，老师，请您以一种冷静的方式和我说话，我一定会用更好的表现来回报您。

来自教务处的表扬

请静心思考

在老师的教学生涯中，一直存在着一个不容否认的事实，那就是大多数学生都曾经因为表现不好而被叫到教务处（我们在第62天的时候将讨论此举动的更多负面因素）。在上学的时候，你有多少次被老师叫到教务处，是因为你的老师想让教导处的老师知道你做了一件很了不起的事情——一个良好的行为、一次优秀的表现、一份优异的成绩、一个无论在学校内还是学校外获得的奖励？你的同学中又有多少人因为其中一个原因或者所有的原因而被叫去教务处？如果你想"略微估计"一个百分率的话，你可能会估测到一个很低的数值。我们经常问老师和学生上述问题，发现因为正面行为而被叫去教务处的现象非常罕见。你知道这是为什么吗？

你可以这样做

今天，我们希望你能开始使用一个新的教学方式。当学生表现优秀时，请把他叫到教务处，并让他随身携带一张小纸条，小纸条上可以这样写着："约翰因为这周表现进步而获得了我们班级的最佳进步奖，我想让您知道他做得有多棒！"这样就可以了。如果教务处老师都不在，那也没关系。约翰会直接把小纸条放在那，并且去打听老师什么时候回来。如果教务处老师刚好在办公室，那么这位老师就会拍着约翰的肩膀鼓励他做得真棒！这个小小的技巧会为学生带来很大的改变。你只需要观察约翰受到表扬之后的表现发生了多大的改变，就会惊讶这种技巧的神奇效果了。事实上，只要你留心观察学生的进步，每一个学生都会像约翰那样受到来自学校领导的鼓舞。其实，我们每个人都希望自己能出色地完成自己的工作，不是吗？

请将这个方法作为你日常教学策略不可或缺的一部分，至少一周运用一次。请一定记得因为学生的良好表现而将学生叫到教务处。当我们告诉你任何一位学校管理者都非常乐意听到这种好消息时，请相信我们！

学生的心声

当我有好的表现时，您将我叫到教务处，让其他的老师也知道我很优秀，他们对我的表扬让我更加有力量和信心去取得更大的进步。谢谢您鼓励并培养我的好行为、好习惯，您是一位让我敬佩的真正为学生着想的好老师！

老师个性展览栏

请静心思考

尽管学生并不相信你是一个和他们一样的自然人（这也正是为什么你出现在食杂店时学生会无比惊讶的真正原因）。尽管我们并不建议你向学生透露你学校之外的私人生活，但是，我们还是强烈地推荐你在教室里留一个能体现你"老师特征"的地方——一个展现你的一些私人信息的展览栏。

通过利用这一小块地方来展现你的个性，你会让学生知道下面的事实：你有足够的资格来教他们；你是一个真实存在的人；作为一名老师，你感到无比自豪；你曾经也是一名学生，你也有自己的家庭，等等。通过向你的学生展现一些容易让人亲近的个性，你很容易就能和学生建立密切的关系。

你可以这样做

创造属于你的"老师个性展览栏"，并骄傲地把它展示在你的教室里。当你在教室里展示之后，不需要任何的说明和解释。你只需要静静地等着学生发现它，然后仔细观察学生的反应。你会惊讶地发现，学生对你的事情感到多么不可思议！

你的"老师个性展览栏"可以包含如下信息：

- 一到两张你上学时的照片。
- 一张你曾经的成绩单。（只要你敢！）
- 你和家人的合影。
- 你中学和大学毕业证的复印件。
- 一张你和现在学生的合影。

- 一张你正在进行业余爱好的照片。
- 一份你希望在你一生中完成的目标小清单。
- 一份你为什么热爱教书育人的小清单。

如果你完成了！

真诚地向学生展示你为自己是一名老师以及你为此付出的一切感到骄傲和自豪，学生会更加喜欢你，甚至以你为榜样！

写给学生的神奇小纸条

请静心思考

当有人夸奖你将事情做得很好，并对此给予了高度评价时，你会有什么样的感觉呢？好吧，让我们想象一下，假如你是一名学生，当你走进老师时，你的老师递给你一张小纸条，上面写着老师非常欣赏你所做的一件事！仔细想象一下，你会有什么感觉呢？

你可以这样做

我们认识一位非常有亲和力的中学老师，她每年都会分享和学生一起做的一些非常美好的事情。我们经常将这位老师的这个好方法分享给所有年级的老师，很多老师已经成功地使用了这一方法，并一直在享受这一方法带给他们的美好成果。因此，我们也很想和你一起分享这个好方法。

在一年中的很多时候，她会给班级里的每一个学生写一张非常简短的小纸条，上边通常写着她非常欣赏学生做的一些事情。她的学生们总是迫不及待地阅读从她这得到的小纸条。学生脸上洋溢着的情不自禁的微笑和骄傲是那么耀人！他们紧紧地抓住这些小纸条，就好像它们是价值百万的金子一样。很多她以前教过的学生告诉她，他们至今还保留着那些小纸条，并且打算像艺术品一样永久收藏它。

这位特别的老师是一位中学老师，但在这里我们想重点强调的是，每一个年级的老师都在使用这一方法，而且每一个使用过这种方法的老师都非常喜欢它！

今天的行动很明确——试着像我们刚刚和你一起分享的故事那样去行动。切记保持纸条的简洁——两三句话即可。接下来，你不需要付出任何行动，只需要静静地观察学生的反应！

学生的心声

您给了我一张小小的纸条，它深深地触动了我的心扉和灵魂。在纸条上您只是简单地记下了您喜欢我所做的事情，但对于我来说，它是一笔珍贵的财富，甚至比金子还宝贵。

展示学生的照片

请静心思考

无论年龄多大的学生都喜欢看自己的照片，这是一个不容置疑的事实。当然，还有另外一个与之相关的事实也是不容否定的，那就是当你展示某人照片时，其实是在传达这样一个信息，即你很关注这个人，而且为他/她感到骄傲和自豪。难道这样的信息不是我们每天都想要传达给学生的吗？因此，请你重视这个事实吧。

你可以这样做

今天，你的行动很简单。首先，给学生拍照，一定要抓住那些有纪念意义的瞬间。比如，在学生参加小组活动时，在他们获得赞美和接受奖励时，在他们微笑和摆姿势时，在他们坐在课桌前写功课时，在他们参加实验和作品展示时，等等。然后，在你的教室里展出这些照片。尽可能经常更换教室里的照片，但是切记不要遗漏任何一位学生，一定要确保每一位学生的照片都能在教室里得到展示。如果学生喜欢带自己的私人照片来展示，那就让他们做好了。让教室的布置能让学生感觉到这是他们自己的教室、他们的家，他们才是教室的小主人！就像父母在家里喜欢展示家庭照片一样，请确保你在教室里也能展示学生们（班级大家庭）的照片。请相信我，这个方法只会带来积极的结果。

你不一定要是一个摄影师，你也没必要特意去请一个摄影师，你要做的只是为参加各种活动的学生拍照，然后把这些照片贴在教室的墙上。当然，你还需要确保学生是否真正喜欢这种方式，你可以先拍一张班级照片将它贴在墙上，然后观察有多少学生会去看它，以及他们多长时间看一次。如果学生对这张照片很感兴趣，那么你就可以添加更多的照片了。一段时间过后，你可以随意委派学生来完成这项任务，每一周都委派不同的学生担任摄影师。

在这样一个老师随时表达对学生关注的环境中，学生一定会更加勤奋努力，他们的表现也会随之越来越好！

学生的心声

您把我的照片挂在教室的墙上，让每个人都能看见。您所做的一切都表明了您非常关注我，也表明了您认为我很特别，特别到足够拿出来向大家展示。因此，自从得到您的赞扬之后，我就决定要用每天的努力来回报您对我的称赞和信任。

小口咀嚼法

请静心思考

当你吃东西时，越小口咀嚼，你就越容易吞咽食物，而且也更有利于身体吸收。教学上的小口咀嚼法也是如此。

你可以这样做

假设你正在学习滑雪，如果你的教练能够教你在取得一小步的成功后再进行另一小步的练习，难道你不认为这是种最好的学习方式吗？如果在完全滑下山之前你可以在滑雪的第一次小考核中获得一个好成绩，难道你不认为这种感觉很棒吗？的确，有时我们在课堂上总是给学生迅速地灌输太多知识，而当学生看上去并没有兴趣学习它们时，我们却急得挠头抓腮。其实，真正的问题是学生被我们灌输的太多知识弄得不知所措，他们根本无法一次性学会那么多的知识和技能，因此也就无法体会到成功的感觉，于是他们不得不选择放弃，而我们却主观臆断地认为他们不思进取、懈怠懒惰。很快，这种恶性循环就会越来越严重。

如果你想以一种学生容易理解的方式来进行教学的话，你就必须将知识分解成很多很小的部分来进行讲解，让学生不断取得小的成功，体会到成功的成就感。请仔细考虑下面的方法：小口咀嚼法。这种方法不可能一次性涉及太多的学习材料，但却可以使你的教学有效地坚持下去。更为重要的是，教学上的小口咀嚼法能帮助学生提高成就感。当学生在一小步上取得了成功后，他们就会满怀希望地迈向下一步，但是，请记住一点，当学生还没有在第一步取得成功时千万不要要求他们进行下一步。比如，如果学生还没有完全学会加法，你就要求他们马上掌握乘法，那么这种方法是不会有什么效果的。没错，他们可能会背诵乘法口诀，但是他们永远都不可能掌握乘法这一技能，因为他们根本就不知道自己在做什么或者为什么这么做。

高效的老师在讲解概念时，会利用很多简单的小步骤来分开进行讲解，他们有效例证了如何使教学简单化！

在你即将到来的课堂上，请记住小口咀嚼法。请先考虑完成一步，切记仅仅一步！请一次又一次地分析它，并将它分成更小的更多的小部分来进行练习，这是一种练习的技巧。当你第一次看到学生很快就能成功地完成任务，并体验到前所未有的成就感时，你就成功了。如果你决定学习这种方法来进行教学，那么你和学生都将受益匪浅。如果你经常使用这种方法，那么恭喜你掌握了成功教学的秘诀，没有哪种方法比它更完美！

学生的心声

请一小口、一小口地向我灌输知识，我的成功需要您来激励！

为期20天的教学实践检验

为了检验这20天来你对我们讨论的所有主题的完成情况，我们设计了一个简单的调查问卷。今天你的任务就是认真地完成这个调查问卷。请仔细阅读每一栏的描述，然后在右侧栏中写上"是"或"否"。

教学实践检验问卷

1	我已经让学生给他们的父母带回了一张小纸条，上边写着学生所获得的成就，以及我对他们的骄傲。	
2	现在，我经常为学生提供一些课间休息时间以舒展他们的身体，让他们时刻保持清醒。	
3	我已经清楚地让学生明白，我关心他们每一个人，如果他们需要向我倾诉或者需要我的帮助，可以随时来找我，我会一直站在他们身边支持和帮助他们。	
4	我了解每一个学生心中的英雄，我利用这些信息，帮助自己更好地了解每一个学生。	
5	我已经移出了我的舒适地带，并且改善了至少一个并不十分管用的教学方式。	
6	我找到了教词汇的有效方法，这种方法不是强制学生死记硬背单词和概念，而是时刻抓住机会将这些词汇纳入到他们的写作、交谈与日常生活之中，教会学生利用这些词汇解决生活中常见的问题。	
7	我使用了第53天的责任归属清单，来判断发生在教室里的问题究竟是和学生有关，还是和老师有关。	
8	我每天都在努力以一种温柔、平静的声音讲话。	
9	我已经因学生良好的表现将他们叫到学校教务处接受表扬。	
10	我在教室里已经创建了"老师个性展览栏"。	
11	我已经给每一个学生写了一张简短的小纸条，告诉学生我欣赏他们所做的事情。	
12	我已经开始在我的教室里张贴学生的照片。	
13	我已经开始利用很多简单的小步骤来对新的概念进行分步讲解。	

你的收获和计划

基于昨天的调查结果，请你花几分钟的时间把所思所想写在下面的横线上，你的所思所想可以包括以下内容。

- 你最近的收获。
- 你曾经学过但现在需要提醒才能回想起来的知识和技能。
- 你所注意到的学生的表现。
- 从现在开始，你计划去做的那些与众不同的事情。

_____

_____

_____

_____

_____

_____

_____

_____

延展阅读

大多数时候，教学就像冒险，在面对教学领域的一切未知时，教师要鼓励自己打破常规，勇往直前。作为一名教师，你需要拥有一些充满灵感的实用技术和吸引学生的创新想法，帮助自己像教育家那样提高学生的积极性、提高你的创造力以及改变你的生活。

培养学生主动处理纪律问题的能力

请静心思考

据说，绝大多数学校管理者都会赞同一个规律，那就是百分之九十的课堂纪律条例来自百分之十的老师。绝大多数学校管理者都能准确预示哪位老师将在下一年把更多的学生叫到教务处，他们知道这些相同的老师就是那些喜欢因为纪律问题而将学生叫到教务处的人。这并不是说余下的百分之九十的老师就不会将学生叫到教务处，而是这些老师身上很少发生把学生叫到教务处的情况，一旦发生，那肯定是因为需要严肃处理的事情。你仔细想想，当你经常因为一些负面的原因而把学生叫到教务处时，实际上是在向学生传递这样信息——你无法掌控他们。你所传递的这种信息非常不利于你有效地进行课堂管理。

在第55天的时候，我们鼓励你因为正面的原因而把学生叫到教务处。现在，我们想要告诉你一个诀窍——那就是永远不要因为负面的原因而把学生叫到教务处。

你可以这样做

今天，请告诉你的学生："我只想让你们知道，如果你们犯了错误，完全不用担心我会把你们叫到教务处。"他们一定会为这个消息欢呼的。接着你可以说："你们可能需要自己主动去……"说这话的时候请尽量保持平缓和轻松的语气。之后，你可以向学生们解释学校有一些不能违反的规则，学生一旦打破这些规则中的任意一条，都必须自觉地主动到教务处去承认自己的错误。举个例子，学校有一条规则规定了任何身体上的争执都必须向学校教务处报告。因此，把这条规则解释给学生听，然后告诉他们："如果你们打架了，请自己到教务处去报告，我会在你们去之前，为你们填写报告材料。"就这么简单！通过使用这种方法，你再也不需要主动把学生送到教务处了，学生可以依据自己的行为，自觉去教务处报告。这个方法成功的关键就是，"让学生自觉去教务处"的原因要尽可能的少，次数也要尽可能的少。

如果你完成了！

在那些选择让学生自己主动处理纪律问题的老师的课堂上，纪律问题的次数会越来越少，规模会越来越小，变成大问题的几率也会越来越小。

避免出现课堂闲置时间的小活动

请静心思考

忙，忙，您让我太忙了，

忙得我眼花缭乱，

忙完这件事情，马上就要去忙另一件事情，

我没有一丁点时间去违反课堂纪律。

我的学习已经快让我忙不过来了，

我根本没有时间去酝酿错误行为，

整天除了学习还是学习，

根本没有时间去犯错误。

我无时无刻不在提问、回答、发现、学习，

我的成绩在忙碌中不断提高。

您总是能让我如此充实、如此兴趣盎然，

我再也没有时间在课堂上捣乱，

在我想要开小差或者捣乱时，一天已经过去了，

在你的课堂上，学习真得很有趣！

你可以这样做

毋庸置疑，在高效老师的课堂上，老师总会刻意让学生忙碌起来，以确保他们没有时间去犯错误。在日常教学过程中，这些老师总是会为学生设计一些简单、快速而有趣的课堂活动（包括所有年级和所有科目）。当然，他们从一个活动到另一个活动之间的过渡也是非常迅速、自然和有序的。

今天，请你在一堂课上设计一些学生感兴趣的、简单而快速的课

堂活动，并计划一下你将如何迅速、自然地从一个活动过渡到另一个活动。为了让学生避免发生无所事事的现象，你需要将你的计划精确到课堂中的每一秒钟。这听起来似乎有点浪费时间，但是利用这种不断穿插小活动的方式来写教学计划确实会更容易实现一些，而且也会变得非常有趣，如果能利用这种方式来教学的话则会使教学变得更有趣。当然，如果学生利用这种精确的方式来学习的话则会让学习变得更容易和更有趣。因此，赶快准备一些不需要花费很长时间的课堂小活动吧，学生们都非常喜欢这种方式。在课堂中穿插小活动的方法最重要的目的就是让学生忙碌起来，让他们没有时间开小差。

如果你完成了!

请一定要让学生忙碌起来，充实起来，不要让他们有闲置时间。这样他们就没有时间去做那些分散注意力的行为了，课堂纪律问题也会随之减少。

捕捉学生的好行为（1）

请静心思考

学生总是因为太多消极的原因而被老师抓到。我们并不建议你忽略学生所有的不良行为，我们只是建议你努力去捕捉学生的各种好行为。换句话说，就是在你的课堂上，把"抓到了"变成一个褒义词。当你开始使用"因做好事而被抓住"，而不是"因做坏事而被抓住"的策略时，整个课堂气氛都会发生惊天动地的变化。

你可以这样做

在接下来的五天里，我们将带你进行一些简单的练习，这些练习能将更多的课堂积极因素融入你的课堂。如果你的课堂气氛有点消极，在接下来的几天中我们要进行的练习将会让消极的课堂发生很大的改变，我们保证你会收到良好的效果。当你开始去捕捉学生的各种好行为时，你根本不会有任何损失！

今天，你的行动就是简单地列出班上十六名学生的名字——其中包括八个通常因为不良行为而被你抓到的学生，八个有过不良行为但从未被你抓到过的学生。你将在接下来的四天中使用该名单，所以请保管好它。请一定做好充足的准备，因为明天你将开始狠抓学生的好行为。

学生的心声

我想我被抓到，事实证明，我确实被抓到了！但我没想到的是居然因为自己的好行为而被老师抓住了，从来没有老师做过这样的事情。您抓到我正在做一件好事，您真诚地感谢我，称赞我，并且开心地微笑。

您是一位多么独具慧眼的老师！您的方法是多么聪明啊！您巧妙地"抓到"了一个并不十分完美的孩子！此刻，您为我感到自豪，而我也因为有您的赞美而为自己感到自豪。此刻，我想要自己变得更好，我渴望有更多的时候能被老师抓到，等着瞧吧！

捕捉学生的好行为（2）

今天，我们希望你拿出昨天所列的名单，并从那些通常因为不良行为而被你"抓到"的学生和那些有过不良行为但从未被你"抓到"过的学生中分别挑选出两名学生。在今天白天的某个时间段，我们希望你能捕捉这四位学生的好行为。当你捕捉到学生的良好行为时，请由衷地称赞他们，并为他们的良好行为而感谢他们。此外，随机抽取一名不在名单上的学生，并努力去捕捉他/她的好行为，这意味着今天你会捕捉到五名学生的好行为。接下来，请在下面的五个数字后面简短地记录下你捕捉到的每一个学生的好行为、你为此付出的行动以及每一位学生被"抓到"后的反应。

我们想提醒你，有些学生在他们的同龄人面前当众被老师"抓到"的时候，是不会给出积极回应的，即便他/她是因为良好的表现而被"抓到的"。因此，如果今天你所"抓到"的学生属于这种类型，那么以后请在私下里小心地"抓到"他们。

学生1_____

_____

学生2_____

_____

学生3_____

_____

学生4_____

_____

学生5_____

_____

捕捉学生的好行为（3）

今天，我们希望你拿出你之前所列的那份名单，并从那些通常因为不良行为而被你"抓到"的学生和那些有过不良行为但从未被你"抓到"过的学生中分别挑选出两名学生。在今天白天的某个时间段，我们希望你能捕捉这四位学生的好行为。当你捕捉到学生的良好行为时，请由衷地称赞他们，并为他们的良好行为而感谢他们。此外，随机抽取一名不在名单上的学生，并努力去捕捉他/她的好行为，这意味着今天你会捕捉到五名学生的好行为。接下来，请在下面的五个数字后面简短地记录下你捕捉到的每一个学生的好行为、你为此付出的行动以及每一位学生被"抓到"后的反应。

再次提醒你，有些学生可能需要在私下里"抓到"他们。

学生1_____

学生2_____

学生3_____

学生4_____

学生5_____

捕捉学生的好行为（4）

　　今天，我们希望你拿出你之前所列的那份名单，并从那些通常因为不良行为而被你"抓到"的学生和那些有过不良行为但从未被你"抓到"过的学生中分别挑选出两名学生。在今天白天的某个时间段，我们希望你能捕捉这四位学生的好行为。当你捕捉到学生的良好行为时，请由衷地称赞他们，并为他们的良好行为而感谢他们。此外，随机抽取一名不在名单上的学生，并努力去捕捉他/她的好行为，这意味着今天你会捕捉到五名学生的好行为。接下来，请在下面的五个数字后面简短地记录下你捕捉到的每一个学生的好行为、你为此付出的行动以及每一位学生被"抓到"后的反应。

　　再次提醒你，有些学生可能需要在私下里"抓到"他们。

学生1＿＿＿＿＿＿＿＿＿＿＿＿＿＿＿＿＿＿＿＿＿＿＿＿＿＿

＿＿＿＿＿＿＿＿＿＿＿＿＿＿＿＿＿＿＿＿＿＿＿＿＿＿＿＿＿

学生2＿＿＿＿＿＿＿＿＿＿＿＿＿＿＿＿＿＿＿＿＿＿＿＿＿＿

＿＿＿＿＿＿＿＿＿＿＿＿＿＿＿＿＿＿＿＿＿＿＿＿＿＿＿＿＿

学生3＿＿＿＿＿＿＿＿＿＿＿＿＿＿＿＿＿＿＿＿＿＿＿＿＿＿

＿＿＿＿＿＿＿＿＿＿＿＿＿＿＿＿＿＿＿＿＿＿＿＿＿＿＿＿＿

学生4＿＿＿＿＿＿＿＿＿＿＿＿＿＿＿＿＿＿＿＿＿＿＿＿＿＿

＿＿＿＿＿＿＿＿＿＿＿＿＿＿＿＿＿＿＿＿＿＿＿＿＿＿＿＿＿

学生5＿＿＿＿＿＿＿＿＿＿＿＿＿＿＿＿＿＿＿＿＿＿＿＿＿＿

＿＿＿＿＿＿＿＿＿＿＿＿＿＿＿＿＿＿＿＿＿＿＿＿＿＿＿＿＿

第 67 天

捕捉学生的好行为（5）

今天，我们希望你拿出你之前所列的那份名单，并从那些通常因为不良行为而被你"抓到"的学生和那些有过不良行为但从未被你"抓到"过的学生中分别挑选出两名学生。在今天白天的某个时间段，我们希望你能捕捉这四位学生的好行为。当你捕捉到学生的良好行为时，请由衷地称赞他们，并为他们的良好行为而感谢他们。此外，随机抽取一名不在名单上的学生，并努力去捕捉他/她的好行为，这意味着今天你会捕捉到五名学生的好行为。接下来，请在下面的五个数字后面简短地记录下你捕捉到的每一个学生的好行为、你为此付出的行动以及每一位学生被"抓到"后的反应。

再次提醒你，有些学生可能需要在私下里"抓到"他们。

学生1＿＿＿＿＿＿＿＿＿＿＿＿＿＿＿＿＿＿＿＿＿＿

＿＿＿＿＿＿＿＿＿＿＿＿＿＿＿＿＿＿＿＿＿＿＿＿＿

学生2＿＿＿＿＿＿＿＿＿＿＿＿＿＿＿＿＿＿＿＿＿＿

＿＿＿＿＿＿＿＿＿＿＿＿＿＿＿＿＿＿＿＿＿＿＿＿＿

学生3＿＿＿＿＿＿＿＿＿＿＿＿＿＿＿＿＿＿＿＿＿＿

＿＿＿＿＿＿＿＿＿＿＿＿＿＿＿＿＿＿＿＿＿＿＿＿＿

学生4＿＿＿＿＿＿＿＿＿＿＿＿＿＿＿＿＿＿＿＿＿＿

＿＿＿＿＿＿＿＿＿＿＿＿＿＿＿＿＿＿＿＿＿＿＿＿＿

学生5＿＿＿＿＿＿＿＿＿＿＿＿＿＿＿＿＿＿＿＿＿＿

＿＿＿＿＿＿＿＿＿＿＿＿＿＿＿＿＿＿＿＿＿＿＿＿＿

让学生知道你经常在别人面前夸赞他们

请静心思考

我们讨厌唠叨，

但您总是很少在他人面前夸赞我们，

您知道，我们只是孩子，

我们需要您——老师，

在我们的父母面前夸赞我们，

在我们的朋友和其他人面前夸赞我们，

请您一定记得夸赞，夸赞我们，

当您这样做的时候，我们的愿望就会成真，

您会为我们骄傲，而且永远不会再怀疑我们！

你可以这样做

没有什么比在他人面前夸赞你的学生，更能让学生站在你这一边了，这是绝对奏效的！当然，仅仅是夸赞他们还远远不够，你一定要告诉他们，你在别人面前夸赞他们的事实。你之前是否在别人面前夸赞过学生并不重要，重要的是学生希望你这么做。下面的这些方法将告诉你如何夸赞学生，今天，请你至少去尝试其中的一个。

● 昨天，在全校教职员会议上，我在别的老师面前夸奖你的写作水平有很大的提高。

● 昨晚，我告诉我的丈夫，能教这么多优秀的学生，我是多么幸运！

● 在另一所学校任教的一个朋友告诉我，她的学生彼此之间相处非常困难，我告诉她我的学生彼此之间相处非常融洽，而且学习都非常用功。

- 如果我今天告诉校长你们都严格地遵守纪律，表现非常好，你们会介意吗？
- 我一直在向我的朋友夸赞我们班！

如果你完成了！

请经常告诉你的学生，你为他们感到骄傲，然后详细地解释为什么会为他们感到骄傲。当你做到这一点时，最顽固的学生也会被你感化。所以大胆前行吧，试一试！

经常奖励学生

请静心思考

无论年龄多大的学生都非常喜欢得到奖励。我们知道，当一个学校管理者旁听到一堂优秀的课时，他会颁发给上这堂课的老师一枚奖章。老师们不仅仅喜欢获得奖章，而且大多数老师还会整天骄傲地将奖章佩戴在身上。

喜欢因工作出色而得到认可，这是人类的天性，奖章是老师认可学生努力的一种重要表达方式。再唠叨一句，奖章其实不贵。

你可以这样做

不管你教哪个年级，你都可以买一些奖章回来，并在日常的教学中把它们颁发给学生，然后你就可以尽情地享受学生对你的回馈了。下面是一些给学生颁发奖章的理由。

● 给学生颁发一个生日快乐奖章。

● 当学生为你或者他人做了一件好事时，请给他颁发一个"谢谢你"奖章。

● 当学生在测验中获得好成绩时，请给他颁发一个"最佳成果奖"奖章。

● 当学生表现很好时，请给他颁发一个"最佳表现奖"奖章。

● 如果学生做了一件了不起的事情时，请微笑着给他颁发一个"了不起"奖章。

● 如果学生病了，请把一个"最坚强"奖章邮寄到学生家。

从今往后，请养成经常给学生颁发奖章的习惯。如果你已经在给学生颁发奖章了，那么请你仔细琢磨给学生颁奖的理由，它可以是我们上边给出的那些理由，也可以是你自己想出来的。总之，请你设法找到颁奖理由，并尽可能多地为学生颁奖。

如果你完成了！

请寻找各种理由为学生颁发奖章。这些奖章很便宜、很有趣也很容易发放，而且它们传递给学生的"你很独特"的夸奖所带给学生的价值却是不可估量的。别忘了，每个学生都喜欢做一个戴着奖章的明星学生。

不可思议的热情感染力

请静心思考

无论是在课堂上还是在生活中，热情都是会传染的。卓越的老师一定是充满热情的，这一点绝不是巧合！当然有人可能会问："作为一名老师，光有热情就够了吗？"当然不是！你还需要高效的课堂计划、方法、管理技巧以及我们在这本书中所谈到的所有技巧和方法。然而，如果学生不相信你深深地热爱你所教给他们的一切，那么即便你掌握了这个世界上所有的知识和方法，你的教学效果也会毫无起色。

你可以这样做

无论如何，在学生面前，你要显得非常热爱你教学的每一天、每一分钟。这样的话，学生就会相信：你对你的职业和你所教的知识充满着狂热的挚爱，你对他们也充满着喜爱。要想成为一名受欢迎的老师，你就必须满怀激情地进行教学，你必须成为学生最厉害的啦啦队长、最强大的教练。

好吧，如果热情不是你的个性怎么办？如果你真的想让你的教学变得高效而轻松的话，那就要有意识地让自己假装拥有这些特质。如果你的个性有一点内向和沉闷，就要有意识地培养自己的热情。俗话说得好："假装你拥有它，直到你真正拥有它。"这句话可能很适合你。你假装自己越有热情，你就越能真正变得热情。

教学是一项充满激情的工作，我们作为老师，在教学的每一天、每一分钟都是站在舞台上的演员，演员是非常需要激情与感染力的。没错，教学也需要表演，因此即便有时候你并没有感觉到自己充满热情，你也必须充满热情地去表演给学生看。

你今天的任务就是练习你的表演技巧，满怀激情地去教学。假装你所教的一切都是这世上最重要的事情，你非常热爱这一切！告诉你的学生，今天你为他们准备了一堂非常精彩的课。然后，全力以赴地去教好这堂课，让它如你所承诺给学生的那么精彩。当你点燃自己的激情时，你的激情也会点燃学生的激情。

学生的心声

如果您表现得非常喜欢您所做的一切，如果您也表现得很喜欢我，我会很愿意买您的账，而且我也会努力成为一个更优秀的学生！

赢得学生的喜欢

请静心思考

最近，一位老师对我们说："教学不是一场争夺学生喜欢的竞争。只要学生能从我这学到东西，我一点都不在乎学生是否喜欢我。"但是，我们完全不同意他的想法。我们之所以不同意是因为这样一个简单的事实：教学本身就是一场争夺学生喜欢的竞争！如果学生不喜欢你，他们是不会想要从你这学东西的。

你可以这样做

如何才能得到学生的喜爱呢？为了得到他们的喜爱，你会像他们的朋友那样去做事吗？你会允许他们去做任何一件他们想做的事情吗？显然不会！你需要理性地赢得学生的喜欢，下面的方法将帮助你赢得学生的喜爱。

- 尊重每一个学生，并维护他们的尊严。
- 对每一个学生都态度一致，保证公正地对待每一位学生。
- 负责地督促学生，但是请始终以尊重的方式。
- 让学生相信你喜欢他们。
- 开展一些丰富多彩的活动，充实学生的学习生活。
- 努力工作，竭尽全力帮助每一个学生获得成功。
- 表达对每一个学生的信任。
- 满怀激情和热情地进行教学。
- 无论如何，请保持冷静，以最专业的方式来规范自己的言行举止。

使用上述方式行事的老师是很受学生欢迎的，如果老师受到了学生的欢迎，自然而然，也会受到学生家长的欢迎。

你今天的行动就是仔细研究上述行动清单，想想哪些你正在实行，哪些你还没有来得及实行。如果你正在使用清单上的所有方法，那么恭喜你，你正在做最正确的事情。如果你还没有实行这些方法，也没关系，只要你愿意去改变，这个过程会很简单！从今天开始，请至少去实行清单中的一种方法。

如果你完成了！

　　高效的老师都会承认，教学就是一场争夺学生喜欢的竞争，赢得学生的喜欢是每个老师应该毕生追求的目标。当学生喜欢你时，他们会回报给你最好的表现！

小组合作学习

请静心思考

不计其数的教育研究和教学书籍都在强调学生合作学习的重要性和可行性。合作学习的效果也在不断证明，参加合作学习的学生更容易提高解决问题的能力、社会实践的能力，获得学习成就的能力，等等。尽管有这么多的好处，很多老师在课堂上依然拒绝使用小组合作学习的方法，因为他们担心学生进行小组合作学习时会大声喧哗，课堂秩序会失控，一些学生会要求另一些学生完成整个小组的所有学习任务，以及因学生聚在一起可能发生的所有事情。实际上，这些问题并不是小组合作学习的问题，而是课堂管理的问题。

在真正的小组学习中，小组中的每个学生都会分配到独特的任务，学习活动会被高效地组织起来，在老师的有效指导下学生表现会得到了极大的改善，课堂纪律也完全在老师的掌控之中，学生们也会齐心协力地完成学习任务。此外，当学生与自己的同伴相互帮助，相互影响时，他们自身也非常享受这种学习方式。即便是非常内向的学生在合作学习的环境下，也会给你带来惊喜。这是一件美好的事情！

你可以这样做

请仔细思考以下问题：我安排学生一起合作学习了吗？如果没有的话，为什么会这样呢？关于小组合作学习，我最大的担忧是什么？如果我安排学生进行小组合作学习，他们将会经历哪些事情呢？

我们非常提倡老师安排学生进行小组合作学习，但是，我们不可能在这一天之内把所有关于这个主题的主张都表达出来。我们只是希望你考虑一下，在你的课堂上实施一些小组合作学习的有效形式，并让自己有意识地熟悉这种教学形式。要想做到这一点最好的办法就是与成功运用过小组合作学习的老师保持密切联系，向其汲取成功的经验教训。

因此，你今天的行动就是向学校里成功运用过小组合作学习的老师请教，获取一两个成功的好点子，然后大胆地进行尝试。如果你已经开始使用合作小组的教学方法，我们鼓励你和同事就这一方法不断进行沟通，这样有可能会得到一个更好的新点子。就这么简单！我们相信，如果你真的努力去尝试的话，你一定会喜欢上它，并且会继续在你的课堂上实施这种教学方法。但是，请切记：不要简单地将学生随机放置到某一个小组中，然后就撒手不管了，这种做法通常都会失败。

如果你完成了！

当人们齐心协力一起工作时，就没有经受不住的风暴。因此，教你的学生一起合作学习吧。你肯定会看到，他们的学习和行为都会有很大的进步！

假装犯错

请静心思考

在第29天至第31天期间，我们已经讨论了对于错误的看法，我们鼓励你坦然地面对错误、大胆地犯错误、勇敢地承认错误，并帮助你的学生也以相同心态来面对和处理错误。今天，我们希望和你一起分享一个我们称之为"假装犯错"的教学策略，这个策略的目的就是增加与学生之间的互动。它不仅适用于所有年级，而且适用于所有学科。这个策略充分利用了学生喜欢捕捉老师犯错误这一特殊心理。

你可以这样做

今天，我们将详细阐述这个"假装犯错"的教学策略是如何实行的。让我们假设，你正在写作课上努力帮助学生成为更好的校对员。你可以告诉学生，你将要在黑板上写一篇小文章，当你写的时候他们要校对你写在黑板上的文章。大家都竖起大拇指表示活动开始。只要抓住你犯了一个错误，他们就把自己的大拇指朝下。当然，一旦你看到学生的大拇指朝下时，你就要停下来问："我犯错误了吗？"然后，让他们告诉你应该怎样去更正它。这个活动的关键是每个学生的拇指不是继续朝上就是朝下，这有助于让学生的注意力更加集中，并更加积极地参与到课堂活动中来。相应的，你也要允许他们做自己喜欢做的事情——更正老师犯的错误！

对于我们刚刚分享的这个活动，请以你自己所教的学科为例，找到符合你的课堂特征的技巧，以更好地实行"假装犯错"的教学策略。请从以下几个方面来重点观察你接下来即将开始的"假装犯错"活动，并分别用一两句话将你注意到的现象写在横线上。

学生的注意力集中情况：_____

_____

_____

学生的参与情况：_____

_____

_____

学生享受情况：_____

_____

_____

如果你完成了！

当你假装犯错时，学生通常会很积极地参与到捕捉老师错误的活动之中，这将有助于学生避免犯类似的错误。通常，学生在这一活动过后就会恍然大悟，当他们明白老师是在假装犯错，而这一切都是为了让他们更好地学习时，他们会很感激你。记住：在学生玩得开心的同时，你要时刻坚持适度原则！

掌握私下练习技巧

请静心思考

当学生出现不良行为时，我们会对学生的行为感到不满，甚至警告或惩罚他们，然而我们并没有采取有效的解决措施，只是在等着这种不良行为再次发生。不出意外的话，这种不良行为一定会再次发生。事实上，学生讨厌被老师在公共场合单独叫出来，因为这让他们在同学们面前感到尴尬不已。当我们用这种公告于众的方式来处理这样的问题时，这种不良行为通常会停止一段时间。但是，一段时间之后，它又会浮出水面。

你可以这样做

今天，我们鼓励你使用一种与众不同的真正有效的方法，我们将它称之为"私下练习"。当一个学生出现不良行为时，你假装认为他仅仅是"忘记"了良好的行为规范，然后抽出你的空闲时间和他一起练习正确的行为，以帮助他不再忘记良好的行为规范。与以往你总是朝他发火的方式截然不同，这种方式表明了你同情他，并愿意帮助他练习良好的行为。这种练习通常比较快速，而且它总是在私底下进行——只是你和学生。

让我们假设，一个学生正在做出违反课堂纪律的行为——不断地和同学讲小话。我们需要私下里就这一现象与学生谈谈，你可以对他说："我看到你一直在说话，可是却忘记了发言之前要先举手。的确，这个规定总是容易让人忘记，我有时也会忘记很多的事情，所以我很理解你的心情。我也知道如此频繁地在你的朋友面前忘记这些规定，对你来说是一件多么尴尬的事情。因此，我愿意帮助你记住这个规定。

现在，请先不要感谢我，只要能帮助你，就是我最快乐的事情。今天，我将抽出我的课间休息时间，和你一起练习。到时见！"（在说这些话的时候，请始终保持微笑。）然后，在课间休息时，你可以要求他向你示范，当他下一次想说话时应该怎么做。当他举起他的手时，请干脆利落地对他说："太棒了！你是否还需要更多的练习，或者你觉得你已经掌握它了？"他一定会如你期待地那么回答："我已经很好地掌握它了。"于是，你可以开心地让他离开。

整个过程总共可能只需要30秒，因此即使你没有预先给自己安排课间休息时间，你也可以选择任何时候，只要它能够在私底下进行就可以了。就这么简单！学生不会被惩罚，他甚至会相信你是真的认为他只是忘记了，所以你要抽出自己的时间陪他一起练习。整个过程老师与学生之间没有发生任何冲突！

如果你完成了！

如果实行了"私下练习"后学生还不断出现同样的不良行为，我们依然只需要简单地给学生私下练习的机会。不久，他就会学会那些练习过的良好行为。切记：在这个过程中，你应该陪着他一起练习。如果不出意外的话，他的"记忆"将会得到惊人的改善！

一分钟游戏

请静心思考

所有年龄段的学生都热衷于充满乐趣的事物，高效的老师总是有法子使学生的学习充满乐趣，而计时游戏就是其中的一种，因为它会让学生意识到活动的重要性，并使得整个活动过程充满紧迫感。

你可以这样做

今天，我们讨论的教学策略就是帮助你增加课堂乐趣，我们将它称之为"一分钟游戏"。这是一个简单的游戏，就是让学生在一分钟之内写出今天学到的三件事情。然后，你还可以让他们在班级中分享他们所学到的这些事情。这个一分钟游戏将为学生提供一个及时复习他们所学到的知识的机会。

游戏的奖品不需要非常复杂或贵重，以下这些奖品可供你参考：

- 一个可额外加入测试成绩的加分点。
- 选择不做家庭作业一次的权利。
- 学生喜欢的贴纸。
- 可供学生支配的自由时间。

请不要忽略这个游戏的重要作用，所有年龄段的学生都非常喜欢玩这个游戏，因为它不仅非常有趣，而且还能赢到奖品。

今天，请务必告诉你的学生："我们将要玩一个'一分钟游戏'。请大家拿出一张纸，写上你们的名字。你们将有一分钟的时间写下今天在班级所学到的三件事情，我会为你们计时。当我宣布时间到的时候，请你们马上停下手中的笔。然后，我会让你们每个人都亲口告诉我你写在纸上的事情。成功写完三件事情的同学将获得＿＿＿＿＿（你可以告诉他们你即将颁发的奖品）。"

我们希望你经常和学生玩这个游戏，因为你会看到学生是多么喜爱这个游戏，不仅如此，你还会看到这个游戏在学生回顾知识方面的事半功倍的价值。

学生的心声

老师，请您多和我们玩游戏吧，这样我们的学习就会变得更加有趣，我们也会因此而非常乐意学习。即使游戏具有挑战性，我们也会努力赢得它，为了能获得最终的奖励，我们会竭尽全力完成您布置的任务。

假装不知道学生要干什么

请静心思考

当一个学生打算开小差时，作为老师，我们通常很容易就能识别出来。因此，我们总是在学生开小差之前，就会频繁使用"你敢这样做，试试看"的方式来处理这种情况。但是，当我们这样做时，学生通常会否认他正要去做的事情。如果我们不能在学生开小差之前就及时阻止他们的行为的话，我们就不得不在它发生了之后再去处理它。更让人气愤的是，即使学生在开小差时被我们逮了个正着，他们依然会否认自己没做任何坏事！这简直令人抓狂！

高效老师在应付这种问题时，常常有一个秘诀……他们总是假装相信学生是在做正确的事情，尽管这似乎有点自欺欺人，但是学生会因为你的信任而开始真的相信自己正在做正确的事情，慢慢的，他们就会改变自己最初开小差的想法，而以正确的心态去做正确的事情。事实上，它真的很有趣！你不妨试一试。

你可以这样做

今天，为了更好地干预学生的不良行为，我们可以尝试一下这个小技巧。当你发现一个学生正准备开小差时，无论是想戏弄他人，还是想对他人出言不逊，或者在不应该离开座位的时候，四处走动，你可以走近他，就好像你认为他正在做值得称赞的事情一样，满怀欣赏和面带笑容地对他说："山姆，你一定有个非常着急的问题要问我，对吧？因为你着急地在不应该离开座位的时候离开了你的座位，请你先回到自己的座位上，我会马上回答你的问题。谢谢你，山姆。"你还可以这么说："梅勒妮，我想告诉你，我很高兴你能帮助你的伙伴完成功课，但请你先回到自己的座位上，我看看是否还有人需要你的帮助。真的很感谢你这么喜欢助人为乐，谢谢。"此外，你可以这么说："杰西，我想告诉你，我很高兴你能把许多的想法融入到你的学习当中，但请你先确定一些自己是否已经开始准备行动，因为我们没有太多的剩余时间了。谢谢。"切记，你说话时一定不能带有讽刺的语气。

相信我们，这个简单的技巧在许多的老师和学生身上都发生了奇迹般的效果。你也可以尝试一下，现在就开始假装学生正准备做的一切"不良行为"都是值得称赞的事情吧！

学生的心声

您总是假装不知道我在开小差，最让我惊讶的是，您居然装得这么像，连我都相信了您的话。

我永远也不会说出真相！我会默默地像您所说的那样，纠正我的心态，去做正确的事情。

现在，我终于明白了，这是您伟大的策略！

请将这个策略传递给他人吧，让其他的孩子也能像我一样幸运地改正自己的错误。

老师并不轻松

请静心思考

"哦，原来你是老师！真好，太轻松了，一天只需要工作几个小时，不仅能享受所有的节日，还有寒、暑假两个很长的假期，真羡慕！"相信所有的老师都听到过这样的话。但是我敢说，这样说的人一定从来没当过老师。他们根本就不了解这个职业！他们根本就不明白教学多么艰苦，我们甚至没有一分钟的轻松时间！

你可以这样做

作为老师，学生们时刻都在注视着我们，所以我们必须做一个积极乐观的榜样，一刻都不能放松。学生每时每刻在向我们学习，所以我们在学校的每一天甚至每一分钟都必须付出百分之百的努力。要知道，高效的教学是需要老师竭尽全力去付出的！

在和学生相处的时间里，我们始终要假装自己能控制一切事情，这是非常不容易的。不仅如此，在学校的每一分钟，我们脸上都要保持微笑。我们还要时刻准备着应付每一天可能发生的所有不可预知的事件，要随时以专业的态度来处理所有的问题，等等。尽管这一切都是那么不容易，但我们始终坚信，这些付出是值得的，是有意义的！

今天你的行动很简单，就是拿出一张纸，在上面写下两个字：榜样。然后，把它贴在你每天都可以看到的地方。不管你是把它贴在你的办公桌上方，还是贴在你每天都会打开的抽屉里，你一定要确保每天都可以看到它。我们是人，不是神，所以我们需要提醒。事实上，我们很容易忘记学生时刻在注视着我们，因此，我们有时会失去警惕，变得很随性。但是，即使在课余时间，我们也没有别人想象的那么轻松，我们要备课，要不断地学习新的知识和技能，以充实自己的能力，这样才能将更多更好的东西教给学生。

如果你完成了！

请时刻保持良好的状态，因为学生们时时刻刻都在注视着我们。不要说出任何伤害学生的话语；不要八卦，不要抱怨；在学生遇到困难与挫折时，不要让他们缺少安慰和温暖；不要气馁，不要放弃；在你可以赢的时候，不要轻易被打败。因为你是学生最好的榜样，所以你一定要成为你希望学生成为的人。

你的学生正在时刻注视着你，并向你学习，他们随着你的鼓点跳舞，所以，请成为一个能击出美妙节奏的鼓手，让学生可以信赖地把自己的时光都交给你。请让学生深信你在为他们创造真正美好的未来，在他们的人生道路上，你在为他们铺设光明大道！

学会自我控制

请静心思考

如果你走进任何一所学校，问一位学生："在学校所有的老师中，哪个老师的声音最大？"对于这个问题，学生会回答吗？他们绝对会，而且百分之百准确！哪个老师的声音最大，在学生当中这其实是一个众所周知的事实。

你可以这样做

事实上，如果失去冷静和理智，你就会失去控制，不仅如此，还会让整个事态失控。我们可以设想一下，当你变得越来越愤怒，事态变得越来越恶化的时候，你就会彻底失去你的理智，而这时候的你就给学生留下了极差的印象，这可能也是你最不愿意让学生看到的。我们相信，对学生们大喊大叫，永远都不是明智的行为。当学生的行为引发了不良后果时，老师的正确选择就是让学生自己负责，但是请一定要以冷静而可控的方式来处理这种事情（如同我们在第54天时所讨论的那样，学生的声音越大，你的声音就要越温柔）。

在第11天的时候，我们要求你向学生承诺不再冲他们大喊大叫，虽然你可以要求学生对他们的行为负责，但是你不能以失控的方式来处理事情。你履行了这一承诺了吗？如果履行了，那么今天你就没有其他任务了，好好放松一下吧。但是，如果你还没有履行这一承诺，或者你甚至还没有对学生做出承诺，那么请再仔细考虑一下。你可以先问问自己，为什么要冲着学生大喊大叫，即使这种情况只是偶尔发生，然后，再想想如何让自己保持冷静。

如果你完成了！

如果你靠大喊大叫来彰显你的权力，那么这样的权力你是掌控不住的。你应该利用你的风度、控制力和技巧来进行教学，这样才能对学生施加积极的影响，并挖掘他们的潜力。当你肆意地发泄自己的愤怒，让事态变得越来越恶化的时候，学生的行为也只会更加糟糕。

所以，不要轻易在学生面前透露你的愤怒和紧张，你一定要努力成为一名冷静的、自控力极强的、具有较高专业素养的老师！

为期20天的教学实践检验

为了检验这20天来你对我们讨论的所有主题的完成情况，我们设计了一个简单的调查问卷。今天你的任务就是认真地完成这个调查问卷。请仔细阅读每一栏的描述，然后在右侧栏中写上"是"或"否"。

教学实践检验问卷

1	我避免因为负面原因而将学生叫到教务处。	
2	我让学生一直保持忙碌，并积极参加课堂活动，这样他们就没有时间调皮捣蛋了。	
3	我开始有意识地捕捉学生的好行为。	
4	我已经告诉学生，我在别人面前夸赞他们了。	
5	我已经开始为学生所获得的成绩而颁发给他们奖章。	
6	我一直在练习我的表演技巧，在我的课堂上，我甚至比以前更加充满教学热情。	
7	我努力工作，以赢得学生对我的喜欢和尊重。	
8	我给学生提供小组合作学习的机会。	
9	我已经跟我的学生玩了"假装犯错"的游戏。	
10	我正在使用第75天的"私下练习"策略。	
11	我已经与学生玩了"一分钟游戏"。	
12	我假装相信学生怀着美好的意愿在做正确的事情。这样，学生会因为我的信任而真的相信自己正在做正确的事情，慢慢的，他们就真的会习惯做正确的事情。	
13	我时刻提醒自己，我是学生的榜样，我要竭尽所能成为最积极乐观的榜样。	
14	我认为自我控制是我个人最重要的目标之一。	

你的收获和计划

基于昨天的调查结果，请你花几分钟的时间把所思所想写在下面的横线上，你的所思所想可以包括以下内容。

- 你最近的收获。
- 你曾经学过但现在需要提醒才能回想起来的知识和技能。
- 你所注意到的学生的表现。
- 从现在开始，你计划去做的那些与众不同的事情。

_____

_____

_____

_____

_____

_____

_____

_____

延展阅读

对于卓越教师来说，最事半功倍的秘诀就是进行刻意练习，所有遵循了刻意练习的教师，都成功掌控了自己的工作和生活，并获得了所向披靡的力量。

相信学生一定行

请静心思考

如果我连自己都不相信自己会成功，

我就不会付出任何努力。

但是，如果我相信我能行，

那么，成功就会近在眼前。

于是，机会会垂青于我，困难也会被我克服。

因此，请帮助我树立信心，

然后看着我一步一步走向成功！

你可以这样做

老师们都知道，只要学生坚信他们能够成功，那么学生就很容易获得真正的成功！但是，有时学生也需要老师帮助他们树立信心。此时，很多简单的鼓励都会具有非常强大的力量，比如"我相信你"或者"我相信你一定能做到"等。作为老师，有时候我们确实相信学生可以获得成功，但我们却容易忘记向学生表达对他们的信任。有时候我们始终对学生怀有很好的意图，但我们在传达这种意图时却容易对学生产生负面的影响，比如我们可能会说"你可以做得比这更好"或者"你完全有能力做比这更有难度的事情"或者"我不明白为什么你总是看不到自己的潜力"，这样的话会给学生造成很大的压力，因此老师要避免向学生传达这样的信息。

此外，还有一点需要慎重，那就是必须如实地表达你对学生的信任。比如，你不能对着一个正在为写好一个完整句子而发愁的学生说"我相信你今天可以写好一篇文章"。

今天的行动就是对那些不自信的学生使用以下的句子（或类似的句子）：

● 我发现你在 _____ 方面变得越来越好。

● 你难道没有注意到，你在做 _____ 的时候，表现有多优秀吗？

● 我因为 _____ 而为你感到无比骄傲，我真的很高兴，你表现出了如此大的进步。

● 你可以做到这一点，我知道你一定能行！我会帮助你一起来证明你的实力。

如果你完成了！

如果你将对学生的信任告诉学生，那么你一定能帮助他们树立良好的自信心以及付出更多的努力，以取得更好的成就。

关于考试，你应该知道的

请静心思考

无论学生通过或没通过考试，都没有关系，

他没有通过我的考试——是因为他没有好好学习，

因此，我会在他的试卷上标出一大片答错的地方。

然后，我便开始思考，

在这个世界上，我力图在证明什么？

我努力去追求的又是什么？

如果是学习决定了学生的成绩，

那么我真正需要教给学生的是什么？

如果学习只是为了能通过考试，

那么课堂上的学习很快就会沦为考试的工具。

如果我每天都照着教学大纲教学，

那么这一定会让学生的分数变得更高。

是的，学习很重要，但教学应该意味着更深层次的东西。

因此，我的学生能否通过考试完全取决于我！

你可以这样做

我们应该都曾经听到过一些老师抱怨："嗯，他当然不能通过考试，他自己都承认了他根本没有认真学习。"难道老师对学生的评分只取决于学生做了什么或者不做什么吗？虽然我们并不是说学习不重要，但单靠考试成绩来判断学生的学习是不科学的。我们的建议是，学生的主要成绩应该取决于他们从我们——他们的老师这里以及课堂上学到了什么。

卓越的老师对于考试有着自己独特的理解，在他们看来，考试只是测试学生对课本知识掌握情况的一个参考依据而已，他们从来不会因为学生没有通过考试而陷入困境。作为老师，我们应该培养学生良好的学习习惯。当我们教学时，要不断地评估学生对知识和技能的理解程度。如果一个学生对概念不理解，那么我们应该在考试之前就为这个学生进行额外的补充讲解，从而增加学生成功通过考试的机会。当一个学生没有通过考试时，我们不应该急于指责他，而是应该思考我们能够做些什么事情来帮助学生掌握他们还没有掌握的知识。

今天的行动就是简单地回答这个问题：在我的班级里，我会因为学生没有通过考试而责备他们吗？

如果你完成了！

请教给学生你要考试的知识，然后再对你所教过的知识进行考试。尽管并不是所有的学生都会如你所期望的那样努力学习，但是只要你真诚地付出自己的努力，学生就一定不会让你失望。

找出学生犯错误的"真正原因"

请静心思考

老师们经常说，如果我们知道学生不良行为背后的原因，就能有效地制止这些行为。但是，当学生犯错时，我们只记得惩罚他们，如果学生再次犯同样的错误时，我们同样只记得加倍地惩罚他们。事实上，我们忘记了最重要的一点——找出学生犯错误的"真正原因"。

你可以这样做

我们曾经与老师们开展了一项实验，它研究出了一种找出学生犯错误的"真正原因"的教学技巧。当学生犯错误时，老师应该保持冷静，并温柔地询问他为什么要这样做。老师在进行谈话时，一定要保持诚恳的态度，并且要在私底下找学生谈话。也许你在这个过程中会遇到很多的挫折，但是请你一定要坚持下去。如果学生总是喃喃自语地回答："我不知道。"你也不必抓狂，你可以很简单地回答他："好吧，你先想想，你可能只是需要一些时间来把它弄明白，我们晚点再讨论这件事情。"然后，你过段时间再去找他，继续你们之间的谈话，直到找到真正的原因。

在我们的实验中，老师们惊讶于他们通过简单的"找出真正原因"的策略所带来的神奇效果，因为太多的时候他们总在为学生重复犯错而困惑不已。

试试这个策略吧。当学生犯错时，不要简单地相信他表面上的解释，试着去弄明白他这样做的真正原因。当然，这并不意味着你要无条件地接受学生的错误行为，但这绝对是帮助你更有效地处理学生错误的最佳办法。

如果你完成了！

当学生犯错时，通常是有原因的。请你深究下去，因为错误行为在很大程度上是学生渴望帮助的呼救声。当你知道学生犯错的真正原因时，你才能找到一种更合适的方式来处理问题，以便更好地杜绝学生的错误，改善学生的表现。

"找出真正原因"是一种简单而有效的教学技巧，因此，我们鼓励你去寻找学生错误行为背后的真正原因。

走进学生的内心世界

请静心思考

昨天，我们建议你在学生犯错时，要善于寻找他们错误行为背后的真正原因，这可以帮助我们更有效地处理学生的问题。但是，学生内心隐藏着的究竟是什么呢？有时候我们能找出来，而有时候却无能为力。

你可以这样做

我们的学生中有很多学生来自于和谐美好的家庭，然而，也有很多学生来自于一个残缺的、缺乏爱的家庭。有些学生没有家，有些学生不知道他们的父母是谁，有些学生营养不良，有些学生误入歧途，有些学生总是担惊受怕，有些学生会遇到一些我们所不能想象的困难。类似这样的情况真是不胜枚举，这些有着不同背景、经历的学生的内心世界究竟是怎样的呢？他们的喜怒哀乐又是怎样的呢？

每一个老师都很想了解自己的学生，这是老师教学成功的法宝！不管学生在家里或者社会上经历了什么，老师都必须了解自己学生，因为学生在学校需要一个安全的避风港，需要有人爱，需要有人尊重和赞赏，需要实现自己的价值和品尝成功的滋味。所有的学生都需要这些！所有的学生都需要老师！只有明白了这些，我们才能期望学生成为我们心目中的好学生，才能激励他们进步和成功。

想想今天我们讨论的事实，你也许会明白，在你的生命中总有东西在误导你、困扰你、吓唬你。但愿这些问题没有消耗你太多的时间和精力，但它们的确是真实存在的。你是一个成年人，我们相信你有比学生更大的能力去处理生活和工作中的困难。

现在，请仔细观察你的每一位学生，弄清楚他们所面临的困难、挣扎以及恐惧——那些深藏在他们内心的东西。如果你知道了他们内心真正所想的，那么你将改变你接近他们、教育他们的方式，改变你对他们行为的处理方式。

如果你完成了！

请像每个学生所期望的那样去对待他们，因为他们需要你，所有的学生都需要你。多年后，当学生们回顾他们心目中最伟大的英雄时，他们都会记得你！

做一个积极的老师

请静心思考

如果有人问任何一位你曾经教过的学生："谁是你曾经见过的最积极的老师？"学生会说出你的名字吗？

你可以这样做

当学生被问到谁是他们曾经见过的最积极的老师时，如果你不相信他们会说出你的名字，那么你今天就要做出一些改变。值得庆幸的是，如果你在几天之内持之以恒地向学生们展示你的积极改变，学生就一定会相信你是一个追求上进、寻求积极改变的人。举例来说，如果你以前经常会做出一些消极行为，现在你决定在三四天内采取积极行动，学生一定会买你的账，并且相信你真的变了。这是因为他们还是小孩，容易对别人产生信任感。当然，你身边的成年人几乎不可能像学生这么轻易信任你，即使这样你也应该毫不犹豫地去改变，尝试着让你的妻子/丈夫或者你的家人相信你突然变得积极乐观了。尽管他们会怀疑你，他们也许会说："这是怎么回事？""你想干什么？"当听到这样的话时，请你一如既往地坚持你的改变，至少坚持六个月。当然，也许他们还将继续对你持怀疑态度！没关系，事实会说明一切。

幸运的是，如果你坚持改变的话，学生会很轻易就相信你是一个积极的人。哪个老师不希望自己的学生记得自己是他们见过的最积极的老师呢？所以当学生说出的名字不是你的时候，就假装没听见吧！但是，从今天开始，你要努力成为班级中有着乐观向上精神的榜样，这一定非常有趣。当然，对于积极的老师，学生也会高兴地给予积极的回应。

老师的心声

谁是最幸福的老师——是我们学校最敬业的老师吗？

我想，那一定是我，我将所有的时间几乎都花在了教学上。

但是任何高效的老师都肯定知道，

学生喜欢快乐的老师远远胜过一切，

所以从今天开始，我要表现得快乐，

当我的学生回顾他们的学生生活时，

我希望他们会说："在我知道的所有老师中，最快乐的老师是您！"

整理你的教室

请静心思考

"请整理你的房间！"这常常是家长对孩子说的一句话。然而，今天，我们要对你——奋斗在教育一线的老师说。

你可以这样做

多年来，我们观察到凌乱的教室里往往课堂纪律也是非常混乱的。当老师混乱时，学生往往也都会变得乱糟糟。

当然，我们并不是说，只要你的教室整齐而有序，你就是一个卓越的老师。但是我们的确注意到，卓越的老师总是井井有条的，他们总能在教室里第一时间找到他们所需要的东西，他们为学生树立了井然有序的典范，他们帮助学生变得更加有条理。我们相信，在整洁有序的环境下一定能培养出学生更多良好的行为。当然，这也并不意味着每一个学生和老师都非常整洁。但至少他们的教室是一个井井有条的地方。

当你的教室显得整洁和井然有序时，它将代替你向学生传递以下信息：

- 这是一个井然有序且安全的地方。
- 我为我们的教室感到骄傲与自豪。
- 我非常关心你们，并希望为你们提供了一个整洁的环境。
- 我为自己和我的教学感到骄傲与自豪。

让我们正视这个问题——你是否能在你需要某件东西的时候第一时间找到它，这是至关重要的。保持过道的整洁也很重要，它能带给学生安全感，也能帮助你从一个学生旁边更轻松地移动到另一个学生旁边。此外，还有一点也非常重要，那就是在你为他们创造的学习环境中，你应该让你的学生看到井然有序，而不是凌乱不堪。

检查一下你的教室，如果有一点凌乱，请马上整理！它值得你花时间，也值得你付出努力，不仅如此，它还可以帮助你变得更有效率。

拥有一个整洁的环境，简直没有任何缺点！

如果你完成了！

当一个教室的所有东西都被凌乱地放置时，你根本无法在那里找到任何东西。但是，如果每一件东西都放在它应在的地方，那么你的教室将成为一个更有效率的地方！

强调目标的重要性

请静心思考

早在1979年，哈佛MBA学生进行的一项研究显示，只有3%的人关于他们的未来有目标，并且树立了明确的书面目标。13%的人有目标，但是没有将目标写下来。84%的人没有具体的目标。仅仅10年后，13%没有书面目标的受访者的收入维持在平均水平，是84%没有具体目标的受访者收入的两倍之多，3%的有着明确的书面目标的受访者的收入是其他群体总和的97%受访者的10倍以上。

这只是论证了明确的书面目标是多么重要的众多研究成果中的一个。如果你清晰地知道自己的目的，那么你实现这个目的可能性就会成倍增加！然而，为什么只有如此少的人真正认真地写下书面目标，并为如何实现这些目标而写下书面计划呢？

你可以这样做

当你走进任何一间教室，问学生："你们中间谁有书面的目标，谁计划了在今年、明年或者更远的未来所要完成的事情？如果有的话，请举手。"你会看到很少有学生把手举起来。尽管如此，但是作为老师，我们依然可以把局面扭转过来！

今天，请和你的学生进行一个简短的讨论，如果他们中有人对自己的未来设立了明确的目标，请找出这些人。然后，你要告诉所有的学生拥有梦想、设定目标和为实现目标而制订计划的重要性，并向他们解释那些写下书面目标的人比那些没有写下书面目标的人更容易实现目标和获得成功。最后，告诉他们明天你会帮助他们每个人都写下一份明确的书面目标。请一定要满怀热情地去做这件事情，记住：所有的学生都有梦想，尽管他们有时没有表现出来，但是他们都希望能获得成功！作为他们的老师，你每一天都有义务帮助他们意识到这些梦想。

如果你完成了！

如果你没有目标，那么你将无处可去……如果你清晰地知道自己的目的，那么你实现这个目的可能性就会成倍增加！

鼓励学生写下自己的目标

请静心思考

在很多学生看来，如果自己写下了书面目标却没有实现的话，将会让人感到非常难堪！因此，大多数学生没有书面目标也就不那么奇怪了。即使有些学生知道自己的目标，他们也往往害怕承认它们，更不用说把目标以书面形式写下来了，他们担心自己的目标不现实，也担心自己可能无法实现这些目标。顺便说一下，这同样也是很多成年人不写下自己书面目标的原因。但是，把目标写下来后产生的压力也会在一定程度上督促你为实现目标而努力奋斗，因此请你督促自己还有你的学生写下书面目标吧。它只需几分钟的时间，却可以让你们的生活发生翻天覆地的改变！

你可以这样做

举个例子，假设你正在减肥，如果你没有将这个目标告诉别人，这样的减肥对你来说其实没有任何真正的压力。因为如果你失败了，没有人会知道，只有你！如果你在减肥，并且把这个目标告诉了所有你认识的人，你会更容易成功，因为你明白大家已经知道你的减肥目标，这点小小的压力对你来说是一件好事，它会帮助你更加有动力坚持下去！

树立目标至关重要的一点，就是你必须想象自己绝对不能失败。如果你知道自己一定能实现自己的目标，那么你的目标将会是什么呢？在指导学生写书面目标时，请问学生这样的问题。

今天，让你的学生写下一到三个他们希望能够完成的目标。对于低年级的学生，你可以选择让他们把自己的目标画成图片，这个活动只需要花费你和学生几分钟的时间。

如果你完成了！

告诉学生明天你会询问他们每个人的目标，而且每个人都必须与全班同学分享至少一个目标。但是，如果有学生无论如何都坚持不与同学分享他/她的目标，那么你就不能强制这个学生执行你的任务。这个行动的真正目的是让学生考虑树立和实现自己的目标。

分享并记录学生的目标（1）

今天，你要花几分钟的时间和全班学生简单地分享来自班级一半学生的目标，每个学生必须分享至少一个目标。明天，你再和学生分享来自班级另一半学生的目标。

在分享了学生的目标之后，你需要提供一些鼓励的话，帮助他们朝着这个目标努力前进。

我们建议你记录下每个学生的目标，然后将这些目标保存起来。偶尔，你可以利用它们来督促学生进步，也可以追踪学生在实现这些目标的过程中所获得的进展，这将有助于鼓励学生为获得成功而努力奋斗，这个方法也向学生传达了这样的信息——你关心每一个学生！

学生的目标：_____

_____

_____

_____

_____

_____

_____

_____

_____

_____

_____

分享并记录学生的目标（2）

今天，你要花几分钟的时间和全班学生简单地分享来自班级另一半学生的目标，每个学生必须分享至少一个目标。明天，你再和学生分享来自班级另一半学生的目标。

在分享了学生的目标之后，你需要提供一些鼓励的话，帮助他们朝着这个目标努力前进。

我们建议你记录下每个学生的目标，然后将这些目标保存起来。偶尔，你可以利用它们来督促学生进步，也可以追踪学生在实现这些目标的过程中所获得的进展，这将有助于鼓励学生为获得成功而努力奋斗，这个方法也向学生传达了这样的信息——你关心每一个学生！

学生的目标：_____

_____

_____

_____

_____

_____

_____

_____

_____

_____

_____

把潜在的问题扼杀在萌芽中

请静心思考

作为老师，我们需要不断地评估学生对知识的理解力。当学生不理解知识点时，我们必须要足够机警，以及时发现学生面临的问题。

你可以这样做

下面是我们在讲课时经常碰到的一些警告信号。

- 课堂看上去很混乱。
- 学习新概念时，学生无法完成学习任务。
- 学生出现了一些缺乏了解的问题。
- 学生放弃学习，甚至假装不在乎。
- 学生出现不良的行为。
- 学生逃避学习，并拒绝参与课堂活动。

这些警告信号明确表明了学生厌倦学习，缺乏对知识的理解力。一旦在这些警告信号变得显著之前我们还没有足够重视它们，没有及时将这些学习的潜在问题扼杀在萌芽中，我们就会把自己和学生带入困境。很多时候老师总是过早地下结论，认为学生很懒惰或者不够努力或者根本就不在乎学习。其实，学生并没有我们想象的那么糟糕，所以我们强烈建议你不要过早地下任何这样的结论。

仔细总结前面的清单，并随时添加一些你注意到的自己学生身上曾经出现过的其他警告信号。然后，随时观察学生的表现，在它们变严重之前，迅速地将其扼杀在萌芽中。今天，如果你发现学生脸上写满了困惑，请立即走到他面前，真诚地和他沟通，找出学生潜在的问题。如果有必要的话，请及时为他提供帮助。如果学生拒绝做功课，那么在你并不是很忙的时候，你可以找个机会和他谈谈，找出他潜在的问题。

请坚持每天都做这件事情。努力发现学生学习的潜在问题，并及时将其扼杀在萌芽中，让这些问题永远不要真正发生！

如果你完成了！

卓越的老师知道如何判断学生在学习上存在的潜在问题，并懂得在困难刚冒出来的时候就及时解决，这就是为什么他们的学生很少有学习问题的真正原因。学生一旦出现了学习问题，卓越的老师就会在第一时间帮助他们解决问题，过不了多久，学生就可以轻松上路了。

举行颁奖典礼

请静心思考

你有没有获得过奖励？即使是在小学的时候，当你因为表现突出，或者取得了好成绩，或者赢得了一场比赛而受到奖励时，你还记得自己手捧获奖证书或者奖杯时，你的感觉有多好吗？你还记得你把获奖证书或者奖杯带回家，和家人分享时，你有多么自豪吗？你还记得当你的老师、家人和朋友都为你感到骄傲时，你的感觉有多棒吗？

你可以这样做

我们真诚地希望你有过给学生颁奖的经历。如果你还没有给过学生奖励的话，从现在开始，你应该重视这件事情，因为每个学生都值得因出色的表现而受到奖励。可悲的是，许多的老师都没有意识到这一点。但是，今天你可以做出改变。我们并不是要求你花钱买奖品，事实上，奖品不一定要很昂贵的东西。学生对奖品本身是什么并不在乎，他们在乎的是这些奖品所传达的老师对他们出色表现的认可和赞美！

今天，请为你的整个班级策划一个简单的颁奖典礼。你可以在计算机上打印获奖证书，或者自己亲手制作获奖证书。最关键的是，在你的颁奖典礼上，你要为每一个学生都提供一些名称不一样的获奖证书。关于获奖证书的名称，我们有如下建议：最完善奖、表现最优异奖、最乐于助人奖、最佳守时奖、最善良奖、最可能_____（你可以随意填补这个空白）奖、最有创意奖、最幽默奖、最好的年级平均成绩奖、最佳态度奖等。

请告诉学生这些只是年中大奖，在学年结束的那天还会有年终大奖。颁奖典礼只需要很短的时间，但它值得你为之付出时间和精力，它还向你的学生表明你发现了他们每个人的优势。

学生的心声

您吓了我一跳，当您递给我一个奖品时，您让我觉得自己是一个值得您肯定和赞美的人。这个奖品是给我的吗？不可能吧！一开始我简直不敢相信这是真的，但后来我明白了您是对的——在某些方面我确实做得很好，所以我把我的目光投向了自己最擅长的方面。哦，我生命中最珍贵的纸——获奖证书。每天只要在我的墙上看到它，我就充满了想要加倍努力学习的欲望！

着装要规范

请静心思考

在下班回家的路上，你是否曾经通过别人的着装，在人群中认出过熟悉的人呢？当你看到那些着装很职业的人，你大概就能推断出，这些人应该是刚坐了一天办公室的职业人士，而不是自由职业者。

你可以这样做

在法庭上，你通常可以通过着装很快辨认出律师。在机场里，你也可以很容易辨认出飞行员和乘务员，这是因为飞行员和乘务员都有非常职业的打扮，他们通常会穿统一的制服。但是，有人要问："难道飞行员就不能穿牛仔裤吗？"是的，他可以穿，但那样的话，乘客就不会认出他是飞行员。如果走进一所学校，你可以通过老师职业的着装立即辨认出他是老师吗？绝大多数时候是可以辨认出来的，的确职业的着装能有效地让老师和学生有所区别。缺乏职业的穿着，老师就不能胜任自己的工作了吗？这倒不会，但是它的确会影响学生对老师的印象。对于着装整齐规范的老师，同事、学生和家长自然而然会对他多几分敬重。当然，这并不是说"看起来称职"是赢得尊重的唯一方法，一个受人尊重的老师还必须要在"行动上称职"。

事实上，我们的着装往往关系到别人如何看待我们。如果教学是世界上最崇高的职业的话，难道老师不应该将职业的着装视为他们崇高事业的一部分吗？我们相信他们会的。然而这是否就意味着老师应该花费他们微薄的薪水去买昂贵的衣服呢？当然不是。你只是需要穿得整齐规范。着装规范的唯一意图就是随时提醒自己是一名教师，穿着像老师，行动是老师，那么你就会像一位真正的职业人士那样，赢得自己应该受到的尊重。

今天，请问自己一个简单的问题："如果一个陌生人在学校碰到我，他能通过我的着装方式知道我是一名老师吗？"

老师的心声

我打扮得像我的学生一样，因为我想让他们认为我很酷。如果你在学校看到我，绝对不会想到我是一名老师。你看，我并没有意识到，我的学生根本没有认真对待我。但是，有一天当我穿的非常职业时，他们的态度不知不觉地发生了改变。因此，今天我的打扮和行动都要像一个职业老师那样，我的学生才会真正认为我是他们见过的最酷的老师！

别用老师曾经教你的方式来教你的学生

请静心思考

我们经常了解到，一些老师非常喜欢用他曾经接受到的教育方式来教自己的学生，我们甚至还曾听到过一些老师说："这是我曾经学习的方式，它对我非常管用，为什么不教给学生呢？"

虽然我们不相信，10年、20年、30年或者更多年前的教学技术都是无效的，但是我们真的认为，如果老师们还像多年以前那样把这些教学方法简单地挪用过来而不加以改进，那么老师们就不能再期待它们今天还和以前那样有效。

你可以这样做

想象一下，医生说："15年前，我得了癌症，那时候我采用的治疗方法就是我今天用来治疗我的病人的方法。"再试想一下，一名技术工程师说："这是我10年前用的电脑，它曾经为我工作，因此它现在也可以为你们所有人工作！"大家都知道世界在不断变化，我们会不断发明新的、更好的研究成果。在教学方面也同样如此，现在我们一定比五年以前知道和掌握更多的教学信息，我们需要不断地探索更有效的方法帮助我们的学生做好充分的准备来培养适应当今世界的能力，而不是单纯地停留在过去。当然，这并不是说我们应该抛弃过去的一切，相反，我们应该在过去的工作中不断学习和成长，以便我们在教学过程中可以更好地确定当前哪些工作是有效的，而哪些工作是无效的。

我们在第50天的时候讨论了轮流念读。现在，没有老师会真正刻意去学习这种讲解阅读的教学方式。尽管我们意识到了这一点，然而还是有一些老师在继续使用它，因为他们认为多年前他们上学时老师就是这么教他们学习的！但是，对于继续使用这种根本不起作用的教学方法，这显然不是一个足够好的理由。

今天，请回顾一下你教的每一节课，并问问自己为什么在讲课时要以某种特定的方式来教学生。如果你发现自己真的说不清楚为什么要这么做，那么很有可能你之所以用这种特定的方式就是因为这是你的老师曾经教你的方式。从今天开始，当你计划使用某种特殊的方式来教学时，请确定自己是否有清晰而明确的理由——我所采用的这种方式是一种高效的教学方式，它能够有效地帮助学生学习。(你可能需要参考第50天至52天的一些内容。)

如果你完成了！

回顾一下你的教学方式，想想为什么你要采取这种方式，深究一下其中的原因，并在以后采取教学方法时多琢磨一下为什么你要这样做的原因。这样，很快你就会知道，哪些过去的教学方法可以汲取，而哪些应该抛弃！

在教师休息室表现出积极的态度

请静心思考

新老师总是习惯性地从善意的资深老师那里接受很多建议。其中，一个典型的建议就是："无论你做什么，请远离教师休息室！"你听说过这个建议吗？为什么会有这么多资深的老师警告其他老师远离休息室呢？原因很简单。众所周知，消极的老师一般都潜伏在教师休息室。他们不断地抱怨和哀叹，让所有的人都感觉非常沮丧，以至于那些积极的老师最终不得不逃离教师休息室。于是，消极的老师成功地占有了休息室！但这却是以牺牲积极老师的休息为代价的。当然，我们有一个解决方案……

你可以这样做

从今天开始，你可以争取一些积极老师的支持，大家达成一致，在你们可以休息的每个时候都一起去休息室，即使只有五分钟。在走进休息室的时候，要记得露出极具感染力的笑容，要比你平时表现得更加积极。每当消极老师讲学生坏话时，（他们通常会这么做的！）你只需简单地回答："我很喜欢这个孩子。"你是否真的认识这个孩子并不重要，你只需要假装认识他，假装很爱他。记住：每天你都要这样做。当你和积极老师热烈地讨论你们对教学的热爱以及对你们所有学生的夸赞时，你可以看到那些消极老师脸上的困惑。很快，他们会变得局促不安，以至于最后不得不逃离教师休息室，那些没有逃离的消极老师则慢慢会变得像我们一样积极起来。

老师的心声

当需要休息的时候，我们会去教师休息室。我们露出极具感染力的笑容，即使它们是假的。不管是谈论学生还是其他人，我们都只讲赞美的话，苛刻或者八卦的话我们从来不讲。这将使得所有的消极的老师变得局促不安，最后不得不逃离休息室。

即使消极的老师只说了一秒钟别人的坏话，比如批评一个学生，或者教务人员或者学生的妈妈，但这也是有失尊严的表现，他们应该带着愧疚离开。在教师休息室从此不会再有人像他们那样。现在，教师休息室到处充满着幸福的笑容，因为我们积极的态度在整个休息室中不断地弥漫开来！

微笑，微笑，请对学生微笑

请静心思考

学生在他们的生活中需要有快乐的大人陪伴。如果你为他们的生活带来的是负面影响，那么你可能会误导他们。当然，这已经不是惊天动地的新发现。但是，我们所有的人都有必要提醒自己，老师的态度是会传染给学生的。如果你展现给学生的是一个消极形象，那么学生也将展现给你一个充斥着各种各样问题的课堂。对老师来说，表现得很乐观容易做到吗？回答是否定的。那么，它是必要的吗？如果你想让自己变得高效起来，那它就是非常必要的。所有高效的老师总是乐观的吗？不，他们只是表现得如此罢了！

你可以这样做

我们知道一位老师，她是我们所见过的最高效的老师，一个看上去总是非常高兴的人。她所任教的学生都是一些我们见过的最具挑战性的学生，但奇怪的是她的班级几乎没有纪律问题！当我们问她为什么总是面带笑容时，她回答说："我之所以总是微笑，是因为我发现当我微笑着面对学生时，学生几乎不可能再胡作非为！"她是对的。努力试试吧，相信过不了多长时间，你就会认同她的说法。可能有人会问，当一个学生调皮捣蛋时，这个老师还会微笑吗？不，她不会！她会变得非常严肃，然后轻声地和这位学生谈话。但是，不久之后她就会对着全班的学生微笑，并继续上课。

科学研究表明，当你微笑时，你的大脑会释放出内啡肽，这是你身体中的自然止痛药，在它的作用下你会立即感觉好很多。如果你还不相信我们，你可以试试这个：微笑，并在你微笑时尝试着变得沮丧。

继续保持微笑，并试图在微笑时继续尝试变得沮丧。你会发现，你根本做不到!

· 微笑是会传染的。当有人对你微笑时，你会发现你不想对他微笑都很难。不是说不可能做到，而是很难做到。快乐的老师会拥有快乐的课堂。请你记住，对于你的一些学生来说你的微笑可能是他们一整天唯一能看到的微笑。当你看到这里时，你可能已经猜到了你今天的任务是什么了。开始微笑吧! 你一定会对微笑的效果感到惊讶的。

如果你完成了!

微笑，微笑，请对学生微笑! 这样，我们都会变得更加快乐。快乐的学生犯错误的机会会少很多，快乐的老师压力也会小很多!

"你还好吧"策略

请静心思考

"你还好吧"这四个字实际上所传达的信息是"我很关心你"。对于我们任何人来说，还有什么比知道有人关心自己让人感觉更好呢？如果我们的学生觉得他的老师关心他，学生一定会尽自己最大的努力表现得更好。相反，如果在一个不关心学生的老师的课堂上，学生是没有动力去学习和表现的。

你可以这样做

今天，我们要和你分享一个"你还好吧"的策略，这个策略必须建立在一个简单的前提之上，那就是学生相信你真的关心他们，这样他们就会努力表现得更好。

下一次，当学生捣乱时，请把他拉到一边，然后温柔地问他："你还好吧？"学生听到你这句话时脸上通常会流露出惊讶的表情。大多数时候，学生会回答："我挺好。"你可以接着对他说："我之所以这样问你，是因为你的行为表现有点不太对劲，一点都不像你平时的表现。"（好吧，也许这样说有一点不太符合事实的真相，因为学生的表现实际上是非常典型的捣乱行为，但此时你要考虑一下你这样做的最终目的是为了表达对学生的关心。）接着，你可以继续说："其实，你这样做我非常理解，一定有什么事情在困扰你吧？我只是想让你知道，如果你想找人谈谈的话，你可以随时找我。"就这么简单！

你处理过学生的不良行为吗？是的，你非常清楚学生这种行为是不妥当的。你想改善学生的这种行为吗？不用说肯定想！请记下那些你还没有做但却非常重要的事情。你无须轻易挑战、威胁、贬低你的学生，你只需向他表示你的关心以及对他不良行为的关注。如果你恰如其分地使用"你还好吧"的策略，它的有效性将会让你大吃一惊。

如果你完成了！

事实上，一些学生认为他们的老师根本就不关心他们，这往往导致了学生的表现很糟糕——焦躁易怒、不懂礼貌、漠不关心、缺乏学习动力。事实上，一些知道如何表达对学生关心的老师往往会使学生拥有良好的表现——积极的态度、懂礼知节、兴趣广泛、力求上进。学生的哪一种表现，你会更喜欢呢？

努力为学生欢呼

请静心思考

请回想一下你曾经作为一名学生的日子。你还记得，当你的老师出席你的篮球比赛，或者足球比赛，或者你的乐队演唱会，或者你在学校的才艺表演时，你的感觉有多好吗？你还记得那时候的你是多么开心吗？更重要的是，你还记得，老师在第二天对你说"昨晚的比赛很棒"或者"昨天你在舞台上的表现真棒"时，你有多么自豪吗？

你可以这样做

在学校之外的场所看到自己的老师，对于学生来说是完全陌生的经历。因为他们一直认为他们的老师生活在教室里，甚至生活在晚上，所以当他们看到老师在做一些正常的事情（比如逛街、吃饭、上厕所，等等）或者出现在学校之外的场所时，他们通常都会感到非常吃惊，同时你也会发现他们看到你时喜出望外的表情！哇！对学生来说，在杂货店里碰到老师绝对是一次非常奇妙的经历，而当学生看到老师参加他们的课余活动时更会感觉到不可思议，这会马上激起学生对你的好感。

没错，老师在放学之后也有自己私人的事情要忙。但是，只要有时间，请多参加学生的课余活动。当然，你不可能参加所有学生的课余活动，但请尽可能多地参加一些学生比较重视的活动，这将再一次向学生传达重要的信息——你很关心他们。如果学生相信你真的关心他们，他们就会努力表现得更好。这一点，我们在昨天已经讨论过了，在整本书中我们也不厌其烦地经常提到过，但这远远不足以表达它在教学上至关重要的地位。

学生的心声

哇，我的老师在为我欢呼！我一直以为她生活在学校的教室里，她居然能抽出时间来参加我的活动，简直酷毙了！我相信，老师一定是关心我，才会抽出自己的私人时间来关注我。她为我欢呼的样子真可爱，我一定要努力给予她同样的回报！

为期20天的教学实践检验

为了检验这20天来你对我们讨论的所有主题的完成情况，我们设计了一个简单的调查问卷。今天你的任务就是认真地完成这个调查问卷，请仔细阅读每一栏的描述，然后在右侧栏中写上"是"或"否"。

教学实践检验问卷

1	我向每一个学生表达了我对他们的信任。	
2	现在，我考试的内容基本上都是我讲课的内容。	
3	当学生表现出不良行为或不敢付出行动或突然失去兴趣时，我总是试图寻找学生为什么会这样的真正原因。	
4	我总是提醒自己，因为家庭、教育背景不同，每一个学生都有自己独特的内心世界，这可能会影响他们在课堂上的行为或者表现。我必须了解每一个学生，才能有效地理解他们的行为，帮助他们更好地获得成功。	
5	我的学生觉得我积极乐观。	
6	我的教室总是整洁有序。	
7	我已经帮助我的学生写下了书面目标。	
8	我和学生已经讨论了他们的书面目标。	
9	我一直在留意学生学习方面潜在问题的警告信号，这有助于我及时为学生进行补习，防止学生落后。	
10	我已经举行了一个简短的颁奖典礼，认可和肯定了每一个学生所取得的成就。	
11	我着装规范。	
12	我在教师休息室里表现出了积极的态度。	
13	我已经用了"你还好吧"策略。	
14	我尽可能多地参加学生的课余活动。	

你的收获和计划

基于昨天的调查结果，请你花几分钟的时间把所思所想写在下面的横线上，你的所思所想可以包括以下内容。

- 你最近的收获。
- 你曾经学过但现在需要提醒才能回想起来的知识和技能。
- 你所注意到的学生的表现。
- 从现在开始，你计划去做的那些与众不同的事情。

_____

_____

_____

_____

_____

_____

_____

_____

延展阅读

教学，绝不是我们付出越多就越能创造与众不同的教学成果，它需要榜样的力量，需要我们和学生一起努力发掘自身的最大潜力，乐于学习，乐于奉献。只有在优秀的集体中，教学才更有延续性和创造性。

当你不知道该怎么办时，请选择等待

请静心思考

对于老师而言，知道在教室里什么不能做与知道什么能做同等重要！

你可以这样做

我们相信，绝大多数老师都在尽自己最大努力去做那些他们知道去做的事情。有时老师犯错是缘于他们不知道自己该做什么。因此，我们有时候就会去猜测……当然，有时我们也会猜测失误。有时，当我们的行动受挫时，我们才会意识到自己的做法并不妥当，但却不得不屈服于焦虑和压抑的情绪，忍受随继发生的许多意想不到的事情。这就如同滑坡效应，一旦最初你的做法不妥当，后续就会引发很多不可控的情况。因此，当你不知道该怎么做的时候，最好选择等待，等冷静下来或者情况明朗之后，再仔细琢磨出一个合适的、专业的方法来处理手头的棘手问题。

以下是一些在教室或者学校里你坚决不能做的事情：

- 不要允许学生故意惹恼或激怒你。
- 如果学生惹恼或激怒你了，也一定不要让他们知道。
- 在学生的同龄人面前，不要惩罚学生。
- 不要和学生产生剧烈的冲突。
- 当处理学生的不良表现时，不要提高你的声音。
- 不要忘记你是这个教室里唯一的成年人。
- 不要说别人的坏话。
- 不要成为怪罪游戏的牺牲品。

- 不要指望你的学生做出像成年人一样的决定。
- 不要毫无准备就来学校，永远！
- 不要以超出职业素养之外的任何非职业的方式来行动。
- 不要穿得像你的学生。
- 不要像你的学生那样去行动。
- 不要忘记始终坚持按你的规则和常规行事。
- 当你犯了错误时，不要害怕承认错误。
- 当你需要帮助时，不要害怕寻求帮助。

如果你完成了！

最后，也是最重要的一点，永远不要忘记你为什么选择教书。你之所以选择教书，是因为你想让每一个学生的生命都与众不同。

鼓励学生勇于冒险

请静心思考

你是否练习过一种新运动，学习过一种新技能，比如开车、举办一场聚会、积极发言表达自己的观点、帮助需要帮助的人？所有这些活动其实都会有风险。学习开车有点吓人，但结果将是非常值得的，对吧？积极表达自己意见的行为，也会遇到其他人可能不同意你的意见的风险。冒险去帮助别人，可能会遭遇损失惨重的风险。冒险去学习一门新技能可能会遭遇失败的风险。

你可以这样做

事实证明，那些不敢冒险的人从来就没有实现过自己的目标！所有伟大的领导人都是冒险者，所有成功的人都是冒险者，所有伟大的老师都是冒险者，所有优秀的学生也都是冒险者。

我们知道积极的勇于冒险精神能促进个人成长、树立自信、建立自尊、培养勇气、激发创造力和激情。我们难道不希望我们的学生也能具备所有这些特质吗？如果我们希望，我们就必须创造有利于冒险的课堂气氛。

下面的这些方法能帮助学生在面临积极冒险时，变得更加从容。

● 询问你的学生是否想要促进个人成长、树立自信、建立自尊、培养勇气、激发创造力和激情，就像我们刚刚询问你一样。

● 告诉你的学生要勇于冒险。

● 让学生分享他们已经成功的冒险经验。

● 请向学生说清楚，你希望在你的课堂上他们能采取积极的冒险行为。（因为我们是在和孩子打交道，所以最重要的是要向学生解释采取消极的冒险行为是不被允许的，比如打同学、冒着被抓的危险干一些坏事。）

● 确保你的学生知道，对于勇于冒险的人来说犯错误是不可避免的。

● 当有学生鼓足勇气去冒险却遭遇失败时，你应该给予他支持和鼓励，以便他拥有足够的安全感去进行下次冒险。

● 当学生即将准备去冒险时，请引导学生事先周详地考虑整个过程中可能存在的风险，权衡利弊后再行动。

● 和学生分享你曾经经历过的冒险故事。

如果你完成了！

在尝试那些未知的新事物时，的确会让人产生害怕的心理。但是，如果你从来都不冒险的话，你将永远得不到成长！

学会忽视

请静心思考

卓越的老师总是知道课堂上什么事情可以忽视，这是他们成功的秘诀。他们对教室里发生的一切都了如指掌，但对于有些事情，他们却假装视而不见！他们永远都会记得，孩子就是孩子，他们明白孩子不可能做出像大人那样的稳重、理智和成熟。相反，那些碌碌无为的老师则不会忽视任何事情，他们甚至会为一个极小的、让人分心的事情而停止自己手头上正在做的重要的事情，最终他们不得不花费大量的时间用于不停地处理那些微不足道的事。

你可以这样做

举个例子，菲科迪夫女士正在上课，一个学生正在用他的铅笔敲打课桌。菲科迪夫女士假装没有看到，继续讲课。由于她在教室里不断走动，因此她可以走到那位学生的课桌旁，停下来提醒他，这并不是件很难办到的事情。然而，菲科迪夫女士却没有这么做，她只是与这位学生进行了目光接触，并且做了一小会儿的暂停。然后，她发起了一个课堂讨论，并问了这位学生一个问题。在这位学生回答完问题之后，她表扬了他。于是，铅笔敲打课桌的动作悄无声息地停止了。

再举个例子，玛丽女士正在上课，一个学生正在用他的铅笔敲打他的课桌。玛丽女士迅速朝学生走去，并大喊："住手！"学生问："什么？"玛丽女士狠狠地回答："你知道我说的是什么！"学生回答："我什么都没有做！"玛丽女士气愤地回答："你做了！我看得很清楚！别撒谎！"好了，我们无须再告诉你故事的发展和结局了，你一定能猜到。

以下是一些老师可以忽视的学生课堂行为：

● 两个学生之间偶尔的耳语。

● 学生为了吸引大家的注意力而故意发出的怪声。

● 思想不集中的学生。

● 一个学生低声的喃喃自语。

● 两个学生之间轻轻的笑声。

仔细考虑上述清单，并评估你在课堂上能忽视或者不能忽视的学生课堂行为。今天就请你努力忽视学生的这些课堂行为！

如果你完成了！

高效的老师往往会发现，对于学生的某些行为，最好的方式就是装作没看见。

帮助落单的学生

请静心思考

不可否认，班级中的有些学生总是孤孤单单一个人打发时间。不管他们是在家里还是在学校被人忽略，或者他们自身就缺乏能够帮助他们建立朋友圈的社交礼仪，这一现象都在提醒我们：这些学生很不适应周围的环境。从这些学生身上，我们经常看到一些奇怪的行为——想尽一切办法吸引他人的注意力，或者龟缩在自己的小角落中与世无争，或者将自己淹没在孤单寂寞中。试想一下，如果有人能扔给这样的学生一个救生圈，该是多么好的事情！

你可以这样做

你今天的行动是选择一个可以在他身上投入一些积极关注的学生——一个不能适应周围环境的学生、一个没有很好的人际关系的学生或者一个在学业上陷入困苦的学生——请接受他的现状，并耐心教导他，将这样的学生作为你今年业余时间的关注项目。在这个学生身上投入更多的努力，并让他知道你对他的关心，让他明白在他的生命中还有人认为他很特别。每次当他进入你的办公室或者当你在走廊上看到他时，都要记得对他微笑。偶尔，请他帮个忙，比如，让他帮你送些东西到办公室，或者帮你把一些东西送给别的老师。

我们不建议你对这个学生表现得过于偏袒，以免其他学生注意到这种不公平现象后对这位学生产生不满或者厌恶。正如我们之前所说过的那样，每一个学生都需要相信自己是老师最喜欢的。我们只是提醒你，有些学生确实不擅长与人交往，他们需要从你这得到一些额外的微笑、安慰或者指导。实际上，你的确可以通过耐心教导这位学生，帮助他做出一些改变。慢慢的，他会乐于参加集体活动，你再也不用在公开场合费尽心思寻找他，因为他会出现在他应该出现的每一个地方。

学生的心声

我不擅长与人交往，因此我只能让自己封闭起来，有时我觉得自己会被孤独淹没。但是，在您的课堂上，我爱的老师却没有忽略我。您用善良救助了我——经过您的不断鼓励和帮助，我树立起了对自己的信心。因此，深深地谢谢您，我的老师。在我的英雄榜上，您永远排在第一！

"教师会议"策略

请静心思考

我们经常问老师："如果你已经失去了对学生的控制力，你会不会认为再试图找回它，已经为时已晚？"不容置疑，答案是一个响亮的回答："不！"从头再来永远不会太晚。

你可以这样做

不可否认，我们中没有一个人是完美的。事实上，我们也从未见到过一位完美的老师——从未见过！但是，通过自身的不断努力，我们可以成为一名受人尊敬的卓越老师。卓越老师的一个重要特征就是，当他们失去了对学生的控制后，他们知道如何快速地恢复和重建控制力。一个卓越的老师曾经给我们分享过"教师会议"策略，我们很喜欢这个策略，也许你也会喜欢！

"我的学生知道我每个周末都会去参加教师会议！每当我觉得我需要重建对学生的控制力或者发现班级的规章制度已经慢慢过时，需要重新制定一个适应班级的发展的规章制度的时候，我只需要简单地对学生说：'在这个周末的教师会议上，别的老师分享了一个非常适用的班级规章制度。他们说他们的学生执行起来非常困难，为此他们感到很无奈。我却很骄傲地告诉这些老师我的学生能够做到这一点，我坚信你们肯定可以很好地执行这个规章制度。你们想尝试一下吗？'学生通常会同意，于是我成功地推行了新的规章制度。真的很简单！最后，我告诉他们，我已经迫不及待地期待下个周末的教师会议，因为那时我就可以在别的老师面前夸赞他们了！"

尝试在你的课堂上采用"教师会议"这一策略。例如，如果你觉得"每天必须默写一条老师写在黑板上的名言"这一规定已经不再适合班级的现状，那么你可以使用一个新的规定"每天学生可以写一条自己感兴趣的名言"来吸引他们的注意力，并告诉他们这是你在教师会议上学到了！然后，坚持不懈地执行它。当学生遵守这个规定时，你要变着法子大声地夸赞他们。

我们深信"教师会议"策略会很有效，因为我们已经与成千上万的老师分享过这个策略，并已经收到了非常多的积极反馈。这个策略真正吸引人的地方就是，你非常简单地就能在班级实行新的制度，而且不会出现对学生、对班级失去控制这样难以收拾的局面，更不会让你绝望地陷入拼命重建控制力的泥沼中不能自拔。最关键的是，即便你已经陷入课堂控制的窘境，这个策略也会帮助你不让学生轻易察觉出你的窘境，不仅如此，它还会帮助你轻松渡过难关！

如果你完成了！

多年来，在我教过的所有学生中，我还从未发现一个学生能察觉出老师利用这个"教室会议"策略的真实意图，他们总是欣然地接受老师颁布的新规定，因此老师也能快速地重建对学生的控制力！

培养学生的责任心

请静心思考

不管你教的是几年级的孩子，你是否都会承认你的一些学生确实比其他学生更有责任心一些呢？相信绝大多数老师都会认为这是一个不争的事实！然而，试图把责任心教给那些最需要它的学生，却是一个非常艰难的任务。不管有多艰难，我们都想向你分享一个小诀窍，那就是给他更多的责任！这是让学生变得更加有责任心的最佳方式。

你可以这样做

绝大多数成年人都认为，孩子是没有责任心的，我们必须不停地告诉孩子他们需要变得更有责任心。但是，孩子却不喜欢有人喋喋不休地教训他们。那么，让孩子变得更有责任心的动力到底在哪里呢？没错，你可以适当地惩罚孩子。但是，我们不能一味处罚孩子，而是应该向孩子指出什么是负面的，应该怎么避免负面的事情。事实上，告诉孩子他有多糟糕，是根本不可能让他变好的。但是为他提供一些让他变好的机会，然后在他真正变好的时候称赞他，这将有助于他有更强的动力变得更好！

今天，你可以做一个简单的实验。选一位你班上最不负责任的学生，让他只负责一点点小事情，切记千万不要给他分配过多的任务。比如，你可以让他负责收作业、擦黑板或者贴纸条等。然后在他完成任务时称赞他，并对他说："你有没有注意到你变得比以前更负责任了？我为你感到骄傲！"随后，你可以慢慢地增加一些能培养他责任感的任务，并在每一次他完成任务时称赞他，这样就足够了。切记：在做完这些行动后，不要指望一夜之间那些不负责任的学生马上就能拥有最完美的责任心。事实上，不要指望任何学生变得完美。你只需要像所有卓越老师那样，不断地帮助学生认真、耐心地朝着一个更大、更好的目标坚实地迈出每一小步。

学生的心声

其实，我也很想让所有人觉得我有责任心，但是我真的不知道如何让自己变得有责任感。不过，当您让我负责做一些我力所能及的事情时，我通常会很认真地完成它。慢慢的，我对其他的事情也能负责地完成了。这一切都是因为有老师对我的信任和鼓励！学生永远不会让您失望！

别让学生难堪

请静心思考

如果一个老师在学生的同龄人面前谴责学生，那么他犯了一个特大错误！

你可以这样做

作为一名老师，当你当众谴责一位学生时，你无形之中就让这位学生在场的同龄人充当了他的观众，这让他觉得在这么多观众面前有必要大大地表演一番，比如态度强硬地顶撞你、一声不吭地默默抗拒你，等等，以此来维护自己的尊严和在同学们心目中的地位。但是，如果选择与学生私下里谈话，你就能轻易地卸掉他的防御心理。

任何老师都可以证明这样一个事实，即当你私下里和一个学生谈话时，他的态度几乎不可能变得强硬。当然，老师有时还会犯一点小错误，即误以为在学生桌旁轻声和学生谈话就是私底下和学生处理情况了。这样的方式的确表明了老师希望单独与学生处理问题，这是好的一面，但是不好的一面就是仍然会有一些他身边的学生在充当观众。所以，对学生来说，即使老师在他的桌旁和他轻声细语，他仍然会觉得在同龄人面前可以态度强硬地大大表演一番。

当你在私底下谴责学生时，请注意以下事项：

- 维护学生的尊严。
- 拆除他可以在观众面前表演的舞台。
- 减少学生防御性反应的可能性。
- 创造冷静地讨论问题和解决方案的机会。

试想一下，假如学校的领导批评你时，你希望他用什么样的方式呢？你是喜欢它发生在私底下还是全体教师会议上呢？假如你真的做了必须接受谴责的事情，那该怎么办呢？不用太担忧，绝大多数学校领导也能像你处理学生那样私下里和你解决这件事情。其实，这和处理学生的方式没有什么不同。因此，不管怎样，请将心比心，坚持私底下谴责学生。

如果你完成了！

如果你能私底下秘密地处理学生的问题，赢得好结果的机会就会成倍增加！

永远比学生先行一步

请静心思考

当学生即将调皮捣蛋时，你知道它的征兆是什么吗？你知道学生什么时候正要调皮捣蛋吗？你当然会知道！所有的老师都可以识别出一些警告信号。

你可以这样做

在第92天的时候，我们讨论了：当学生不能理解所学知识时，如何将这种情况扼杀在萌芽中。今天，我们来讨论一下当学生正在准备调皮捣蛋时，如何将这种情况扼杀在萌芽中。

具有前瞻性，是保持学生良好行为的最佳途径。为了能比学生先行一步，你必须时刻警惕教室里发生在你身边的一切事情，将那些潜在的不良行为扼杀在萌芽中。在一开始就将其扼杀在萌芽中，会比事情发生之后再处理要有效得多。这种比学生先行一步的方法会每次都成功吗？当然不会！但在通常情况下它还是可行的，这一点是不容置疑的。

下次，如果有学生想要调皮捣蛋时，你可以尝试下面的方法：

● 问学生一个问题（不涉及他潜在的不良行为），以此转移学生的注意力。

● 走到学生身旁，站上一小会儿。

● 当学生离开座位，显然是想去另一个学生那惹是生非时，你可以这么说："约翰，请回到你的座位上，我刚好想让你把作业交给我。谢谢你！"

● 如果学生明显对某事感到心烦意乱，你可以把他拉到一边，专门针对那件让他困扰的事情和他谈一谈。

● 想法设法让学生忙起来，因为那些无所事事的空闲时间会给学生可乘之机。

事实上，你可能最不讨厌说类似"你敢"这样的话。没错，大多数老师都不愿意这么做！当学生想调皮捣蛋时，试着以专业的态度冷静地缓和局面吧。如果有可能的话，尽量不要让学生知道，你已经知道了他的"阴谋"。

如果你完成了!

请睁大眼睛去寻找学生正在企图调皮捣蛋的蛛丝马迹，并将其扼杀在萌芽中，这样学生的不良行为就会不断减少！

不要轻易被学生激怒

请静心思考

在第22天的时候，我们曾强调过作为老师所犯的最大的错误就是让学生找到你的弱点和软肋。所有的老师几乎都承认：让学生抓到我们的软肋只会使事情雪上加霜。但是，我们总是一次又一次地犯这种错误。

你可以这样做

被学生抓到软肋的老师很容易被学生牵着鼻子走，不仅无法及时解决问题，而且可能情绪失控，甚至会与学生产生冲突，使事态的恶劣程度不断升级。下面是几个典型的案例。

学生：我从来没想过这么做！

老师：不，你就是想这么做！

学生：为什么？

老师：因为我说过要这么做！

老师：请认真听课！

学生：我一直在认真听！

老师：不！你没有在听！

当然，我们仅仅是给你列出了师生对话的开头，你可以想象一下这样的对话会引发什么样的后果。

今天，请先想一想，当下次学生企图激怒你时，你将如何处理？请随时记得提醒自己是成年人，不能和学生产生冲突和争吵。不管学生说什么或者做什么，你都要保持冷静。请牢记：在课堂问题的处理过程中，只有一个人能够毫无理智地转身离开，但这个人绝不是你！同时，也请你记住你随时都可以选择跟学生说"等你冷静下来后我们再谈"，然后冷静地离开。当学生的行为显得无理时，而你却试图和他理论，这种行为极不可取，而且毫无作用。请先控制好你自己，再来控制课堂局面。

如果你完成了！

做一个明智的老师，不要轻易与学生产生冲突。一旦陷入与学生的剧烈冲突，请像成年人一样去行动，尽快结束冲突。无论如何，请坚持做一个有职业素养而不是鲁莽冲动的老师！

为代课老师制订详细的计划

请静心思考

你有过因其他事情不能上课，不得不请代课老师为学生上课的经历吗？想想那些日子真是令人担忧。好吧，你的确会为此担忧，但学生却对此满怀期待。你准备好放心地将学生交给代课老师了吗？

你可以这样做

当代课老师走进教室时，学生一定会感觉特别新鲜，他们会像挣脱牢笼的小鸟一样，变得格外活跃，而代课老师根本就不清楚学生的脾气秉性，他们彼此都不了解，因此课堂往往会乱成一团。但是，如果老师事先能做好充足的准备工作，并采用一些具有创意的教学技巧，这种情况是完全可以避免的。

下面的这些教学技巧是经过各个年级的众多老师验证过的成功方法。

● 告诉你的学生，因为你相信他们，所以当代课老师代替你上课时你会将自己的一部分职责转交给他们。

● 在你不在的日子里，要给每一个学生都指派一些他们能完成的任务，比如，指派一个学生负责欢迎代课老师，指派一个学生负责告诉新老师你们的课程进度，指派一个学生负责告诉新老师你平时吸引学生注意力的典型方式，指派一个学生负责向新老师解释班级的日常规章制度，指派一个学生负责在学生完成学习任务后把作业收上来，指派一个学生负责在上课铃声响起后带头为新老师鼓掌，欢迎他的到来（不要觉得好笑，这绝对有效），指派一个学生负责在老师宣告下课后为新老师送上一份小礼物（这个小礼物你可以事先放在教室的某个抽屉里），你还要告诉每个学生在新老师走出教室时感谢老师的辛勤付出。

● 你一定要创造足够多的工作让每一个学生都能承担起他们的责任，履行你布置给他们的任务，以便顺利地挺过这一关。

● 将这个计划付诸实际吧，提前找一位代课老师练习几次，你为此付出的时间和精力是绝对值得的！

● 当你赋予学生责任时，学生通常能对你分配的任务尽职尽责。

学生喜欢这种安排，代课老师也会被这种愉快的经历惊呆的。当然，在你回来的那一天，你也就有机会表扬你的学生了。

如果你完成了！

当需要代课老师时，请不要害怕。你只需要充分利用学生的责任心和小主人翁精神，为每个学生都分配好各自的任务，让他们各司其职，那么一切都会变得井然有序。你要让学生确信他们的课堂会像你在时一样！也许你会问，如何才能达到这样目的呢？别无他法，只能拼命地准备、准备、再准备！

巧妙利用课堂空白时间

请静心思考

"好啦，同学们，在下课铃响之前我们还有一分钟的时间，如果你们能保持安静，我就不会再给你们布置任何任务。"听起来是不是很熟悉？你是不是也曾犯过类似的错误。想象一下，如果你在下课之前的一分钟内让学生什么都不做，会发生什么状况呢？我敢肯定学生一定不会闲着，他们一定会自己找事做，而且他们所做的事情永远不可能是你所想的。

你可以这样做

众所皆知，学生永远都不可能合理地安排自己的闲置时间，因此我们不得不巧妙利用课堂的空白时间。我们不能让学生无所事事，更不能以许诺不再布置课堂任务的方式来哄着学生不要捣乱，或者在一些学生提前完成作业时，恳求他们保持安静。在第63天的时候，我们已经讨论过，高效老师会有意识地让学生一直保持忙碌，这样学生就找不到时间去捣乱了。

我们从那些巧用课堂空白时间让学生保持忙碌的高效老师那里，总结了一些教学技巧。

● 高效老师通常会准备一些只需要1分钟、2分钟或者5分钟就能完成的课堂活动，这是因为他们知道，如果他们布置一个需要花费15分钟的活动时，有些学生可能花10分钟就完成了，而有些学生可能花15分钟还完不成。如果这个活动还需要多花一些时间才能最终结束，那么那些提前完成活动的学生一闲下来就会开始做出一些破坏课堂纪律的行为，比如相互之间讲小话、打闹，等等。此时，老师应该给这些学生一些额外的课堂活动，让学生忙起来。

- 高效老师会经常变化自己的课堂活动，让它们更加丰富多彩，以确保学生对它们始终感兴趣并且能积极参与。

- 当学生正在完成分配的课堂任务时，高效老师通常都会四处走动，监督学生完成。

- 在两个课堂活动的转换之间，高效老师会设置迅速而平稳的过渡。

- 高效老师总是会做好充分的计划，因此他们永远有用不完的课堂活动，这使得他们的学生始终能保持忙碌，利用课堂的空白时间进行有效学习。

仔细考虑上述的清单，然后确定清单中的哪些你已经做得很好了，哪些你还需要不断完善它。今天，请从清单中选择一个课堂技巧，然后开始在特定的场合不断地练习它、完善它。同时，你也要观察当学生有放弃某个学习任务的倾向时他们的反应如何。你会发现学生放弃课堂任务的现象不是发生在他们厌烦课堂任务的时候，就是发生在他们对任务不理解的时候，或者发生在他们无所事事的时候。

学生的心声

让我无所事事，或者让我忙碌起来，在这两者之间，我发现后者更容易让我全神贯注地投入自己的精力去学习。

亲近学生

请静心思考

事实：你离学生越远，学生越有可能犯错误。这是所有老师的共识。学生同样会认为，他们坐得离你很远的话（比如最后一排），你就看不到他们的违纪行为了。有时，学生的想法是正确的！这种状况通常发生在那些总是喜欢或者习惯在教室前面走动的老师身上。

你可以这样做

卓越的老师总是会有意识地在教室里不停地四处走动，你完全不可能预测他们下一秒会走向教室的哪个地方。你永远无法知道他们之所以站在某位学生的课桌旁，是因为碰巧走到了那里，还是因为这位学生正在做违反课堂纪律的事情或者正打算做违反课堂纪律的事情。卓越的老师总是喜欢在学生的座位之间走动，尽管他们的学生一开始会不习惯，但渐渐地也会适应这种方式。在这些老师的教室里，对于想违反课堂纪律却又担心被抓到的学生而言，坐在教室后面并没有多大优势。那些经常在教室里四处走动的老师通常能激励学生参与课堂学习的积极性，当然他们自己也能享受到学生良好的课堂表现所带来的满足感。

如果有人问你的学生："上课时，你的老师通常会站在教室的某个固定地方吗？"如果学生能不假思索地回答出来，那么你今天可能需要下决心努力远离你经常固定所站的地方了。你可以试试我们前面分享的在教室四处走动的这种方式，当学生正在做违反课堂纪律的事情或者正打算做违反课堂纪律的事情的时候，你就能毫无察觉地出现在他们的身边。在这种方式的督促下，学生的违纪行为几乎总会得到有效改善。在教室里四处走动还有一个额外的好处，那就是能让你更多地注意到哪些学生需要你的帮助。

学生的心声

我们的老师总是喜欢在教室里四处走动。因此，如果认为远远地坐在教室后边就能讲小话、开小差的话，那是非常危险的！因为老师一会出现在这儿，一会又出现在那儿，毫不夸张地说，他可能出现在教室的任何一个地方！于是，我们别无选择，只能选择认真学习。

点燃学生的学习激情

请静心思考

如果给我们一个对学习充满激情的学生，我们将还给你一个能取得无限成功的学生；如果给我们一个比其他学生都有能力，但却对学习没有激情的学生，我们也只能还给你一个聪明却漫无目的的学生，顺带一个焦躁恼怒的老师。

你可以这样做

作为老师，有一件事情是必须去做的，那就是点燃学生内心对学习的激情，让他们对我们传授的知识充满渴望。可是，我们究竟怎样做才能达到这个目标呢？只有一个诀窍，那就是我们自己要表现得对学习充满激情，我们要努力确保我们现在所教给学生的任何知识都是我们曾经教过的所有知识里最令人兴奋的。

你现在所教的知识是最令人兴奋的吗？当然不是！你的学生认为你所教的知识是最令人兴奋的吗？你要让自己有能力让学生相信这一点！其实，只要你尽自己最大的努力去帮助学生获得成功的话，你就一定能达到这个目标。

从今天开始，在每一堂课开始时，请大声而兴奋地告诉学生："猜一猜今天我们将会学到些什么？"然后，满怀激情地把今天要学习的知识讲给学生听。记住：你的激情是极具感染力的，它会转化为学生的激情。满怀激情的老师一定会拥有满怀激情的学生。在学生自己没有真正拥有对成就的渴望之前，他们会相信你所坚信的。

学生的心声

我渴望学习，我内心的激情之火正在熊熊燃烧，这正是我的老师为我点燃的，而我也因此获得了好的成绩。我孜孜不倦地记住老师所说的每一个词、每一句话，我渴望学习，我喜欢老师的课堂。为了帮助我成功，老师用他的激情在努力地感染我。

不要放弃任何一个学生

请静心思考

为什么有些学生会比别的学生更容易让你喜欢呢？是有些学生比其他学生更容易信任吗？是有些学生比其他学生更容易教吗？为什么我们不能平等地喜欢和信任每一个学生呢？答案很简单：因为我们是人！但是，正如我们在第34天所提醒你的那样，学生不可能知道你内心是否真的喜欢他们，所以请至少表面上表现得公平地信任每一个学生，不要轻易地放弃任何一个学生。

你可以这样做

你是否已经开始想要放弃某个学生？为了让学生变好，你确实已经试过了你所有能试的方法，但却统统没用！你依旧不能收到你所期待的成效，不能有效改善学生的课堂表现，不能让学生变得激情四溢。尽管此时你已经感到非常疲惫、气馁，甚至绝望，但我们依然要再次强调，当你遭遇了失败或者想要认输时，人类的本性会使你陷入灰心丧气的心绪中不能自拔，但是你永远不能就这样认输。

所有的学生，尤其是那些最不容易得到你喜欢和认可的学生，最不可能有好的课堂表现的学生，最不可能获得成功的学生，都应该得到你悉心的照顾和关注。聪明的老师不会放弃任何一位学生。试想一下，疾病缠身的病人最需要的是什么？当然是那些不会放弃他们的医生，学生也同样如此，他们需要的是老师的帮助和关心。但是，因为我们是人，有时也会感到疲惫和灰心丧气。因此，我们要时刻提醒自己：无论感到多么疲倦，都永远不要放弃任何一个学生！

写下所有你能记住的学生的名字。也许，有时你会因为种种原因而想要放弃某位学生，但是请你千万别这么做，请你时刻牢记不要遗漏你的任何一位学生。

_____

_____

_____

_____

_____

_____

　　然后，认真地为每一个学生都做一件让他们难忘的事情——记住不要轻言放弃！我们之所以建议你这么做，只是想时刻提醒你记得自己为什么选择当老师，如果你对所做的一切感到很疲惫的话，请积极向别人寻求建议，努力改善这种状态。最重要的是，你要明确地向学生宣布：你很在乎他们！你很相信他们！你永远都不会放弃他们！

学生的心声

　　请不要放弃我，永远不要放弃我——永远！因为如果您放弃我的话，我将永远不会原谅您——永远！

做一个积极乐观的老师

请静心思考

在你们学校的所有老师中，谁是最积极乐观的人？请在你的脑海中回忆一下那位老师的面容。想想究竟是什么让你认为这位老师是最积极乐观的人？现在，最重要的问题是：你脑海中浮现的人是不是你？如果你的同事被问到这个问题时，他们会说出你的名字吗？如果他们说出你的名字，会是什么原因？如果不会，那又会是什么原因？

你可以这样做

在第86天的时候，我们讨论了老师在学生心目中的声望的重要性。今天，我们将重点讨论你在老师们心目中的声望。尽管让学校的每个老师都喜欢你或者认同你，并不是你追求的目标，但是如果你能被其他老师视为一个积极乐观并具有较强职业素养的老师，那也是一件值得骄傲的事情。

也许在你考虑谁是最积极乐观的人的时候，你并没有想到自己。但是我们将告诉你一个好消息，那就是你完全可以成为这样的人！为了成为学校每一位老师心目中最积极乐观的人，你需要在老师们面前表现出下面的一些典型行为。

- 展现出一种愉悦的风度。
- 亲切而有礼貌地和学生交谈。
- 亲切而有礼貌地和老师交谈。
- 永远不要参加无聊的人之间搬弄是非的谈话。
- 在你采取行动时请始终保持职业素养，即便是在你有不同意见的时候也请这么做。

- 做学生的支持者。
- 做愿意支持同事的人。
- 积极参加学校活动。

让我们正视这个事实：当你积极乐观时，你身边消极的人会变得尴尬和难堪，这是一件极好的事情！因此，尽管你可能不是消极老师身边最好的朋友，但是相比他们的沮丧而言，你依然会被他们认为是积极乐观且具有职业素养的老师。再重申一遍，这是一件极好的事情！

如果你完成了！

当消极的老师受到你积极情绪的感染时，他们也会不知不觉变得积极乐观，而且会变得越来越有职业素养。

鼓励学生做好事

请静心思考

如果我对你很好，

你又对另外一个人很好，

那么第三个人同样会把爱传递下去，

也许你传递爱的这个人是一位朋友、兄弟姐妹或者陌生人。

现在，由我来开启这个爱的接力赛吧，

让我们把这份美好传遍世界的每一个角落，

但是请记住："将爱传递下去"始终取决于彼此的努力。

你可以这样做

今天的行动就是给你的学生朗读上面这首诗，并和学生进行一个简短的讨论：当一个人为另一个人做了好事且不求回报时，会发生什么事情？

今天，你可以给学生布置如下作业：

1. 为班级中的某位同学做一件好事。

2. 当班级中的某位同学对你很好时，请为班级中的另外一位同学做一件好事，以便把爱传递下去。

3. 如果班级里有人对你好，你必须把这位同学对你的好传递给班级里的另一位同学。

没错，你正在学生之间开启了一个班级间的爱的接力赛！你知道这个行动的主要目的是什么吗？那就是帮助学生养成彼此之间友好互助的习惯。

偷偷地说一声，你也可以参加到这个行动中来。你的参与就好比为这个活动增加了安全阀，如果有学生没有其他任何人为他做好事，你可以马上为这位学生做一件好事，这样一来就没有任何一个学生会被遗漏。

如果你完成了！

告诉学生，明天你将要求他们每个人分享为别人做过的好事。

将爱传递下去

今天的活动包括三个部分：

1. 让每一个学生都告诉你，他为班级中的另一位学生所做的好事。如果今天你没有时间顾及到每一个学生，你可以在明天再花些时间来完成这个任务。在这里，请你记录下学生对谁做了什么好事。

_____

_____

_____

2. 要求每个学生写一句话，描述他所做的好事，即在别的同学对自己做了好事之后，他继续为班上另外的某位同学做的好事。然后对学生说："如果班级中还没有人为你做好事的话，那也没关系。你只需要写下你的名字，并留下你的这张空白纸给我就行了。"当然，这将是你为这些学生做好事的线索。请在下面的横线上记录下学生写的话。

_____

_____

_____

3. 告诉你的学生，今晚的家庭作业就是回家后为不是班级中的其他人做一些"将爱传递下去"的好事。明天，你会要求他们一起来分享这些好事。

开启爱的接力赛

请静心思考

在过去的三天里，为了能从你这里开启"将爱传递下去"的爱的接力赛，你开始了接力赛的第一棒，不仅如此，你还让你的学生开启了属于自己的爱的接力赛。当然，我们的目标就是向学生传递为他人做好事且不求回报的观念。作为一名老师，你每一天都应该带头做好事。你真的可能永远都想象不到你这么做的影响力将有多大！

你可以这样做

无论是讨论还是让学生写下他们为不是班级中的其他人所做一些"将爱传递下去"的好事，请让学生大声地分享这些故事。但是，如果有学生不愿意和同学大声分享和讨论自己做的好事，不管是什么原因，都请对他说："没关系。你可以选择把它写下来，然后交给我就可以了。"

请你在横线上记下学生对这项活动的反应。

_____

_____

_____

如果你完成了！

现在，你已经开启了"将爱传递下去"的爱的接力赛。让我们期待，美好的言行会蔓延到地球的每一个角落。但是，请记住："将爱传递下去"始终取决于彼此的努力。

为期20天的教学实践检验

为了检验这20天来你对我们讨论的所有主题的完成情况，我们设计了一个简单的调查问卷。今天你的任务就是认真地完成这个调查问卷。请仔细阅读每一栏的描述，然后在右侧栏中写上"是"或"否"。

教学实践检验问卷

1	当我不知道该怎么办时，我已经学会了等待。	
2	在学生面临积极冒险时，我帮助他们变得更加从容。	
3	我努力忽视学生那些不影响大局的小行为。	
4	我已经帮助一个落单的学生改正和完善自我。	
5	我已经尝试了从第106天的"教师会议"策略。	
6	我给不负责任的学生布置了一些让他们负责的力所能及的任务，帮助他们变得更加有责任心。	
7	我已经在私底下处理学生的行为问题了。	
8	我密切关注学生即将调皮捣蛋的警告信号，并及时利用我极具前瞻性的先行一步策略将其扼杀在萌芽中。	
9	我没有与学生发生剧烈冲突。	
10	我已经与我的学生实践了一些关于代课老师的计划。	
11	我充分利用课堂上的空白时间来进行有效教学。	
12	当我讲课时，我会有意识地在教室里四处走动。	
13	我用自己的满腔热情点燃了学生的激情。	
14	我正在为了成为最积极乐观的老师而努力。	
15	我鼓励我的学生"将爱传递下去"。	

你的收获和计划

　　基于昨天的调查结果，请你花几分钟的时间把所思所想写在下面的横线上，你的所思所想可以包括以下内容。

- 你最近的收获。
- 你曾经学过但现在需要提醒才能回想起来的知识和技能。
- 你所注意到的学生的表现。
- 从现在开始，你计划去做的那些与众不同的事情。

_____

_____

_____

_____

_____

_____

_____

_____

延展阅读

　　卓越的教学，从教室开始改变世界！教师在把重点放在教学质量的同时，要让学生为自己的学习承担更多的责任，这将有助于改善学生的学习态度，增强他们的专注力，更好更快地提高学习成绩。

为自己写一份职业目标

请静心思考

站在一个岔路口，如果你的脑海中没有目的地，那么你就不知道自己该往哪个方向走，即使你到达了那里，也永远不会知道……

你可以这样做

在第88天的时候，我们谈论了这样一个事实，即很少有人有明确的书面目标，但是那些有着书面目标的少数人获得的成就却远远超过所有其他人的总和！我们建议你让学生写下他们自己的目标。

现在，有一个非常重要的问题：你写下自己的目标了吗？你想成为什么样的老师？到这个学年末，你有多少任务需要完成呢？你计划今年去学习新的教学方法吗？你想获得更高学位或者更高层次的专业认证吗？你渴求成为其他老师的领导人吗？

今天你的行动就是为自己的职业设立一个较高的且契合实际情况的目标。请确保这个目标只要经过你的勤奋努力就一定能够实现。最后，请简单地写下这个能让你走到绝大多数人前面的职业目标。

如果你完成了！

写一个书面目标是非常重要的一步，但是，现在你还需要写一个实现书面目标的行动计划，将书面目标付诸实践。从现在开始，每天迈出一小步，朝着目标努力前进吧。

学会随机应变

请静心思考

俗话说："*只有随机应变的人，才能更加快乐和幸福。*"*老师比任何其他行业的人更需要理解这句话所传达的意义。*

你可以这样做

卓越的老师很善于随机应变，他们也不得不这样！如果你总是要求学生必须整齐划一，一旦你发现哪个学生离开队伍做不一样的事情时，就会变得非常慌乱，那么你就不能成为一名卓越的老师。如果你必须知道在你生活中的每一天、每一秒钟都发生了什么事情，当任何一个计划内的行动没有按计划进行时，你就会变得心怀不满、耿耿于怀，那么你也不能成为一名卓越的老师。如果你需要自己的生活能够安排得非常精准，甚至能够预测，那么你同样不能成为一名卓越的老师。教学是不可预测的，学习也是不可预测的，学生同样也是不可预测的。为了有效地进行教学，你只能学会随机应变。

下面这份清单包含了许多关于教学过程中不可预见的事情，你今天的行动就是借鉴并补充它。

- 学校临时安排的各种活动。
- 不知从哪儿冒出来的会议通知。
- 在学校门口意外宣布的公告。
- 当你上课时，教室门口意外响起的敲门声。
- 精心准备的课程不能按计划进行。
- 学生的家庭生活。
- _____

- _____
- _____
- _____
- _____

现在，你知道自己每天要兼顾多少事情了吧？暗自佩服自己一下吧。请时刻提醒自己，在处理学生日常事物时一定要灵活变通，这真的非常重要。尽管为你教学的每一天、每一分钟做好充分的计划非常重要，但是你必须清醒地认识到：你的日子永远不可能完全按计划进行。

如果你完成了！

现在还没有一种万能的办法能够避免和解决教学中不可预测的状况。如果不懂得随机应变，那么你一定会失败。

平息学生的消极行为

请静心思考

我们经常提醒老师，化解消极行为的最佳方法就是平息它。

你可以这样做

一位老师曾经和我们分享了下面的事情：

"我一开始并不确定你分享的这个平息消极行为的主意是否会有效，但我还是决定尝试一下。上课刚刚开始，一个学生就举手报告他后面的学生正在唱歌，并埋怨唱歌的学生影响他听课了。我走向那个唱歌的学生，非常热情地对他说："哦，我也爱唱歌！你刚刚在唱什么歌？"这位学生告诉了我这首歌的名字。我接着对他说："我很喜欢这首歌，我敢打赌你唱得非常好。只是现在我们在上课，不太适合唱歌。我一直想学唱这首歌，你介意在午餐时教我唱这首歌吗？我们可以来个二重唱！"当然，午餐时他并没有露面，也没有教我唱那首歌，但他从此再也没有在课堂上唱歌了！这位学生课堂上的消极行为完美地被我平息了！"

这位老师的校长在稍后与我们进行的交谈中说："她过去常常会面临很多的纪律问题，因为她总是和学生争吵。现在，她已经学会了如何化解学生的消极行为，她课堂上的纪律问题几乎没有了。一旦老师和学生的冲突停止，学生就会停止激怒老师的行为。现在她是一个非常快乐的人，所以她的学生的表现也越来越好。"

如果将导火索从鞭炮上移开，你就不可能点燃它。但是，如果你将导火索保存完好，并用火点燃它，砰！它就会马上爆炸。对于化解这种潜在的具有爆炸性的问题，你有什么好主意？请将其写在下面的空白处。

- 当学生态度不好地走进教室时，我不会警告他在教室门口好好反省自己的态度，我会尽力_____

_____

_____

- 当学生在考试时表现出明显的沮丧情绪，并将试卷扔到地上时，我不会警告他马上把试卷捡起来，我会尽力_____

_____

_____

- 当一个积习难改的"搬弄是非者"又在谈论其他学生的秘密时，我不会警告他不要再把时间浪费在担忧别人的事情上，我会尽力_____

_____

_____

如果你完成了!

一旦消极行为的导火索被移除，学生的行为就会得到很大的改善。

不要传播流言蜚语

请静心思考

让我们来阐述一个非常重要的事实：没有任何老师想要故意伤害任何学生，但是有些老师却不知不觉就陷入了他们认为的所谓"无伤大雅的坏话"之中，然而事实上根本就不存在"无伤大雅的坏话"！首先，因为说人坏话的目的只有一个，那就是伤害别人！请记住，如果有人和你说别人的坏话，那么他一定会在别人面前说你的坏话。其次，传播流言蜚语也会伤害到你自己，因为它会让你显得非常小气和不专业，所以请承诺永远不要传播流言蜚语！

你可以这样做

有时，你刚好在错误的时间错误的地方碰到了有人在说别人坏话，这难道没有发生过吗？你其实只是想专注于自己的事情，然而讲别人坏话这件事情就在你面前发生了，你肯定不希望自己去讲别人的坏话，去伤害别人，所以你一定不能参与。但是，这个时候你应该怎么来处理这种情况呢？

不可否认，我们身边存在着一些爱向你打小报告或者向你传播学生、家长、学校管理者或者其他人的坏话的同事，为了避免受到这些同事的影响，我们将与大家分享两个我们觉得最有效的小技巧。

1. 如果有老师企图向你讲一些关于学生的坏话时，你可以明确地告诉他："我很高兴这些学生能在我的班级里学习，因为这些学生比任何人都更需要我。谢谢你对他的关心与担忧，我一定会对他给予额外的关注，我会随时告诉你他的进步状况。谢谢！"

2. 如果有老师接近你，并企图说某人的坏话时，你可以简单地告诉他：“抱歉，现在我没有时间和你说话，因为我正想去洗手间，稍后再聊。再见！”这个技巧非常管用，因为说坏话是即时的，如果你没时间听，他们很快就会去和别人说，而且不会再记得要与你分享这回事！

如果你完成了！

如果对于学生、家长或者其他人，你说不出赞美的话，那就请不要随意评价他们。从今天开始，请远离那些喜欢传播流言蜚语的同事。

如何让学习内容变得更有吸引力

请静心思考

"为什么我们必须知道这个？"学生总会经常问这个问题。无论学生什么时候问到这个问题，它都应该引起老师的高度重视，因为它意味着老师没有很好地将所讲的知识和技能与学生的实际生活结合起来。

你可以这样做

对于下面所描述的两个不同的课堂，如果你是一名学生，你会喜欢哪个？

1. 一堂学习代词的课，你学习了用代词来代替名词，并且练习了在一个句子中找出代词。

2. 同样是一堂学习代词的课，老师要求你在班级做自我介绍，而且不许使用黑板上的任何一个词（黑板上几乎包含了所有的代词）。

再举一个例子，你觉得哪个课堂上的学生会更喜欢学习？

1. 列出一张表格，上面详细给出了学生在计算长方形面积时可能会遇到的问题。

2. 将学生分成几组，让学生用彩纸来装饰教室里的长方形公告板，老师首先让学生计算出公告板的面积，然后再让学生利用这些信息计算出他们需要多少张纸才能覆盖住这块公告板。

我们不会强制性地要求你选择哪个答案。我们想告诉你的是，作为一名老师，教学的最终目标就是学以致用，当学生知道或者亲身体验到他们正在学习的内容与自己的生活紧密相连的话，学生会更喜欢学习！

回顾一下你今天你所教的内容，并问问自己，我是如何确保学生都知道今天的学习内容与他们的生活密切相关的？你必须确保自己强调的是学习内容和学生当下的生活紧密相关，而不是与他们的未来相关，因为未来对于学生来说还太遥远。你如果告诉学生："你之所以要学习这个知识，是因为有一天它将帮助你得到一份好工作。"这样的话基本上是毫无意义的。因此，请把你所教的知识与学生今天的生活紧密联系起来吧。

如果你完成了！

将学生学习的内容与他们的实际生活紧密地结合起来，对学生而言是极具吸引力的。如果你的学生明白他们为什么要学习老师所教的那些知识的话，他们的动力将会增强，他们也将获得更好的成绩。

在同事中找一个"学习好朋友"

请静心思考

作为老师，我们常常感到彼此"孤立"。我们总是把时间都花在自己的学生身上，这往往导致了我们没有太多的时间和我们的同事进行互动交流。但是，不可否认，我们可以从同事的支持中受益匪浅。让我们面对这个事实：有时候，我们需要与其他成年人沟通！

你可以这样做

如果有一个好朋友能够帮助你，你往往会更容易获得成功。如果有一个好朋友能够耐心听你倾诉，你往往会更容易克服困难。如果在你的内心深处有那样一个好朋友为你加油，你将会有更大的动力来完成一项任务！

为自己找一个"学习好朋友"吧。你可以与隔壁班的老师达成协议，如果你们两个都愿意的话，你们甚至可以将它转变成你们之间的积极竞争。下面是一些关于协议或者竞争的建议：

● 比比看，谁保持理智和掌控力的时间最长，可以准备一些奖品，谁赢了这场竞争，谁就能获得这些奖品！

● 规定你们每个人都要投入额外的努力来帮助一个陷入困境的学生，然后分享彼此的成功经验。

● 彼此分享一些关于课堂与教学、提高学生成绩以及改善学生行为的想法和建议。

● 比比看，谁能想出最有创意的方法，让学生能够积极完成分配的任务、积极提交作业、阅读最多的书籍等。

● 在你们两个班级之间，偶尔就某些方面展开竞争，比如出勤、功课、学生的良好行为等。

选择一个好朋友，就像选择一个网球搭档一样。与别人一起练习远远胜过自己一个人埋头苦练，它将帮助你迅速地提高你的能力，更好地打好教学这场比赛。

老师的心声

我有一个学习的好朋友——隔壁班的老师，我们每天都彼此鼓励。因为有时我们会绊倒或者落后，所以我们需要彼此"保护"，并及时伸出援助之手。当我们中的一人落后时，我们也不会崩溃，因为我们会相互扶持，直到到达目的地。

积极配合学校管理者

请静心思考

你喜欢你的校长和其他学校管理者吗？你不喜欢你的校长和其他管理者吗？无论你属于哪种情况，我们都将告诉你一个事实：你不会花太多的时间在你的管理者身上！

你可以这样做

绝大多数老师都会同意他们花在学生身上的时间占了整个学校时间的90%左右。当然，也有很多老师会同意他们花在学校管理者身上的时间还不到整个学校时间的1%。尽管我们都认为，一个高效的学校管理者，对于任何一所学校而言都非常重要，然而卓越的老师仍然会提醒我们，即使在没有高效管理者的学校里，卓越的老师仍然会是卓越的老师！

那么，一些老师花很多时间去向别人抱怨那些他们每天都花不到1%的时间去关注的学校管理者，值得吗？投入100%的努力在你每天需要花费几乎超过90%的时间的学生身上，难道不是更有意义吗？

要让你完全同意学校管理者所做的一切，那是根本不可能的事情。所以，如果你对学校的某个问题感到强烈不满，你可以私底下和管理者进行技术层面的沟通。但是，如果这个问题超出了你的职责范围，那就请你别管它。请专注于你所能掌控的事情，而不是那些你根本掌控不了的事情。最重要的是，为了学生更好的发展，也为了学校能得到更大的发展，请尽你最大努力去配合和支持管理者的工作。不要因为一些细枝末节的小问题而导致彼此的交流与合作受到阻碍。

如果你完成了！

即使你有时会将学校管理者视为一个独裁者，但是你花在对你的管理员抱怨上的时间不应该比你本身需要关注他们的时间还多。因此，努力去做一个合作者吧，不要成为另一个问题的制造者。

向家长赞美孩子的成就

在第42天的时候，你给所有的学生家长都写了一张小纸条，分享了班级中发生的一些令人兴奋的事情。没错，家长都喜欢从老师这里听到好消息。因此，今天的行动很简单，就是像你在第42天所做的那样再写一张小纸条寄学生的家长，让他们知道孩子最近获得的新成绩。

给班上所有学生的家长都写一张赞美孩子的小纸条。每个家长只需写一张，但切记不要给每个家长都写一模一样的纸条。在小纸条中老师可以说这样的话：

亲爱的家长：

　　您好！

　　我很高兴告诉您今年我们班级所取得的一些成就，尤其是您的孩子

_____ 取得的进步。下面这些事情，让我对您的孩子感到非常骄傲，

（学生的名字）

希望您也能为他的行为感到骄傲。

　　1.

　　2.

　　3.

　　4.

　　5.

　　我很高兴能够担任您孩子的老师。谢谢您的支持。请随时与我联系。

　　我的联系方式是： _____

　　此致

敬礼！

　　　　　　　　　　　　　　您真诚的 _____

如果你教的是中学的话，就需要考虑一下这张小纸条的内容是否适合所有的学科。你可以每一周抽出一点时间来写一个反应不同学科特征的模板，这样既不会打乱你每周的计划，也能让你在较短的时间内完成所有的模板。

像你最喜欢的老师那样对待你的学生

请静心思考

所有的学生都有自己喜欢的老师。学生喜欢这些老师的原因通常颇为相似，这并不奇怪。回想一下你自己在学校的日子，想想你最喜欢的老师——你肯定因为许多的原因喜欢他/她。在你的脑海中回忆一下这位老师的名字和相貌，想想究竟是什么让你认为这位老师就是你最喜欢的老师。你是不是一想起这位老师就会情不自禁地感到开心呢？

你可以这样做

现在，你已经想起了你最喜欢的老师，请填写下边的空白处：

- 我最喜欢的老师让我觉得 _____
- 我最喜爱的老师从来没有让我觉得 _____
- 我最喜欢的老师的风范 _____
- 我最喜爱的老师对我 _____
- 我最喜爱的老师总是 _____
- 关于我最喜欢的老师，我最常想起的是 _____
- 如果我只能用一个词来形容我最喜欢的老师，那就是 _____

如果我们用你的名字来代替表中"我最喜爱的老师"的名字，然后要求他们来填写这些空白，他们所填写的答案会和你的回答相似吗？

如果你完成了！

现在，我们就以一个建议来结束今天的话题：像你最喜欢的老师那样对待你的学生。

永远不要像你最不喜欢的老师那样对待你的学生

请静心思考

所有的学生都有自己最不喜欢的老师。学生不喜欢老师的原因通常也颇为相似，这并不奇怪。回想一下你自己在学校的日子，想想你最不喜欢的老师。在你的脑海中回忆一下这位老师的名字或者相貌，想想究竟是什么让你认为这位老师就是你最不喜欢的老师。你是不是一想起这位老师就会情不自禁地感到痛苦呢？

你可以这样做

现在，你已经想起了你最不喜欢的老师，请填写下边的空白处：

- 我最不喜欢的老师让我觉得 _____
- 我最不喜爱的老师从来没有让我觉得 _____
- 我最不喜欢的老师的风范 _____
- 我最不喜爱的老师对我 _____
- 我最不喜爱的老师总是 _____
- 关于我最不喜欢的老师，我最常想起的是 _____
- 如果我只能用一个词来形容我最不喜欢的老师，那就是 _____

如果你完成了！

现在，我们就以一个建议来结束今天的话题：永远不要像你最不喜欢的老师那样对待你的学生。

让家庭作业变得更有创意

请静心思考

"家庭作业"这个词本身就足以让大多数老师的血压升高。关于家庭作业，充斥着太多的抱怨声，学生抱怨自己没时间，家长抱怨孩子太累，老师抱怨有些学生根本不做家庭作业。而当学生拒绝做家庭作业时，学生与老师之间就会产生矛盾。

你可以这样做

俗话说："任何事情都要适度。"学生每天在学校学习的时间就已经很长了，所以他们回家后不愿意做更多的功课也是可以理解的。我们不反对家庭作业，但我们反对老师布置太多的家庭作业。当老师布置家庭作业时，应该保证它既是有意义的，又是可行的。但是，即使家庭作业既有意义又可行，大多数老师仍然会与一两个不能很好地完成家庭作业的学生产生冲突。尽管家庭作业存在很多的问题，但老师应该在不发生冲突的前提下尽可能找到平衡点。请你一定要努力去做这件事情。虽然我们还没有让所有学生都按时按质按量完成家庭作业的魔术战略，但是我们仍然会与你分享一个小技巧，它将有助于提高你在家庭作业方面取得成功的几率。

今天，你的目标就是让学生体验一下成功完成家庭作业的感觉，让他们明白家庭作业并不是那么讨厌和可怕。你可以给他们布置一个简单而有意义的家庭作业，之所以作业要布置得很简单，是因为你想要所有学生明天都按时交作业。例如，如果你们正在学习名词，你可以给学生布置如下的家庭作业：今晚回家后，请打开一个装杂物的抽屉，然后列出你在抽屉里能找到的10个名词，你也可以在你的学科领域布置类似的家庭作业。最重要的一点是，比起那些老师发一张包含10句话的试卷，并要求学生在每句话的名词下画上横线的家庭作业来说，这种形式的家庭作业更容易让学生按时按质按量完成。

你还可以告诉学生，你会为每一个明天准时交上家庭作业的人准备一份惊喜，这份惊喜可以是免除下一次家庭作业、学生感兴趣的贴纸或者其他你认为合适的奖品。请记住，即使是高年级学生，也喜欢从老师那里获得奖品，因为那些奖品意味着老师对他们的高度评价。

如果你完成了！

我们并不建议你每次都奖励那些完成家庭作业的学生，我们只是想让你知道，我们今天所做的一切都是为了让学生体验到成功做好家庭作业的感觉，让他们消除对家庭作业的排斥感，进而积极主动地完成家庭作业。今天的任务是非常可行的，它并没有任何强制的意味，而且它会非常有趣，别忘了它还有一个附加的小奖励哦。其实，你只需要做出很简单的改变，成功的几率就会大幅度提高。

奖励学生完成家庭作业

请静心思考

自从家庭作业这一教学方法发明以来，老师与学生之间就因为它不断地发生冲突。一个典型的场景就是，老师布置家庭作业，然后将它收上去进行评分。没有很好地完成家庭作业的学生要么分数很低，要么罚做双倍的作业。但是如果学生有一次不做家庭作业，他很有可能第二次也不会做……于是，老师与学生之间的冲突就随之发生了，在这场冲突中，老师通常是不可能赢的。

你可以这样做

昨天，你布置了一个很简单的家庭作业，并且带有额外的奖励。你告诉学生，你会为每一个明天准时交上家庭作业的人准备一份惊喜。再次提醒一下，你一定要明白你这样做的真正目的是让每个学生体验到成功做好家庭作业的感觉，尤其是针对那些没有成功完成过家庭作业的学生，让他们消除对它的排斥感，进而积极主动地完成它。如果这个方法让一个不愿意做家庭作业的学生努力完成了它的话，你一定要大声称赞他，从而增加他的信心和积极性，让他在以后的日子里再接再厉。这就是我们的目标！但是，如果他仍然不交家庭作业怎么办？别担心，请继续看下去。

把昨天布置的家庭作业收上来，抓紧时间看一遍。记住：一定要表扬每一个完成家庭作业的学生，并颁发给他们该得的奖品。很可能大多数学生都会完成家庭作业，因此你需要准备足够多的奖品。请向这些学生表示感谢，并告诉他们你欣赏他们的责任心，这样就足够了！

如果一个学生还没有完成家庭作业，那也没关系，你可以试一试下面的小技巧。你可以对他说："我需要你明天为我送点东西去办公室（记住：学生爱替老师跑腿）。但我很可能明天就忘记了，所以请写一张小纸条放在你的家庭作业本里，提醒我记得这件事情。今天你的作业本忘记交了，等明天你交上来的时候，我一看到小纸条就能想起让你帮我送东西这件事，这样我就不会忘记派你去送东西了。谢谢！"这个小技巧对学生来说永远都管用，你不妨试一下。

如果你完成了！

　　明天，不出意外的话，这位学生一定会按时交上他的家庭作业，这样一来，你就有机会表扬他了。再强调一次，我们不建议你总是为学生做好家庭作业而奖励他们，最近这两天对学生的奖励只是为了让每个学生体验到成功做好家庭作业的感觉，尤其是针对那些通常没有成功完成过家庭作业的学生，让他们消除对它的排斥感，进而积极主动地完成它。

抓住调皮学生的软肋

请静心思考

调皮的学生其实是最需要你的学生，虽然他们总是喜欢看到你焦躁不安的样子，并乐此不疲。为了看到你疲惫不堪，他们倾注了自己全部的精力。但是，请记住：你是老师，你是成年人，你可以掌控不利局面，并将不利局面扭转为有利局面！

你可以这样做

每一间教室里都会有调皮的学生，他是班级里说话声音最大、最容易激怒其他同学的学生，同时，他也非常喜欢激怒你，让你失去理智，他似乎总是将自己的快乐建立在别人的痛苦之上。尽管如此，你依然有对付他的优势，因为你是训练有素的专业教师！但是，有时即便老师接受过专业训练，在这样的学生面前也会变得不知所措，甚至忘记了只要精心准备一个计划，并有条不紊地执行它，就可以赢得有利的结果。在接下来的五天里，我们会帮助你准备并实施这个计划，让那些令人头疼的调皮学生自觉改善自己的表现。

现在，请先问问自己："这位学生知道他的调皮行为让我焦躁不安吗？"如果他知道的话，那么最有效的方法就是马上想法设想不要再让他知道他的行为对你的影响。请立刻下定决心：无论他做什么，你都不能让他知道他正在激怒你。这将有助于让你的计划更加成功！

今天的行动就是在调皮学生做了好事或者做了那些你希望他做的事情时，找到一个适合的方式赞美他，请确保那些赞美是真诚的。不管结果如何，你要做的就是表扬、表扬、再表扬。

如果你完成了！

写一两句话描述这位调皮学生对你今天的表扬所做出的反应。

_____

_____

_____

_____

_____

_____

让学生体验成功的感觉

今天，我们希望为你提供一些方法，帮助你让调皮学生体会到成功的感觉。如果他在学习过程中调皮捣蛋，你就要及时布置一些他能够完成的小任务，一旦他完成得不错，就立即表扬他。如果他在行为举止上调皮捣蛋，如果影响到课堂秩序，那你需要私底下和他谈谈，如果并没有影响，你就要耐心地等待，等到他歇下来不再调皮捣蛋的时候，就立刻表扬他。今天，最关键的任务就是一旦他表现不错就想尽一切方法表扬他。你可以使用下面的话语来表扬他。

- 我为你骄傲 _____
- 太棒了，你能做 _____
- 我很欣赏你 _____
- 我发现你真的进步了 _____
- 谢谢你如此努力 _____

为了让调皮学生能够体验到成功的感觉，你做了些什么，请把它写下来。

_____

_____

_____

当调皮学生成功了，你表扬他的时候，学生有什么反应，请把它写下来。

_____

_____

_____

让学生帮你去跑跑腿吧

我们还没有碰到过不喜欢替老师跑腿的学生。当你派一个学生去跑腿时，它会传递给学生这样的信息——他非常重要，你非常关注他。我相信这些绝对是你想传达给调皮学生的信息。别犹豫了，大胆去做吧。当你派调皮学生独自跑腿时，如果他喜欢在大厅里四处游荡并到处惹是生非的话，你就不能派他去教学大厅或者更远的地方，而是应该只派他穿过走廊去隔壁班送东西。这样的话，他就会一直在你的视野里，你可以随时注意他的行为。

现在，请简单地想想你需要学生去做的差事，然后诚恳地请求学生帮你跑一趟。当他回来的时候，请记得对他说："非常感谢你能为我做这件事，我真的很感激。"

请把希望学生去帮你跑腿的差事写下来。

_____

_____

_____

_____

当你请他去跑腿时，学生是如何反应的。当他回来后，你对他表示感谢时，他又是如何反应的，请把它们写下来。

_____

_____

_____

_____

_____

密切关注学生好的一面

即使是调皮的学生，也喜欢有人关注他好的方面，因为这样会让他们感觉很好。也许这个学生不会总是回应说："谢谢你能关注我的好。"事实上，有时他表现出来的反应和他自己心里所想的也会截然相反。你可能已经注意到，在过去的几天中，这位学生似乎已经开始怀疑最近发生的事情，因为相比你平时对他的关注来说，最近你给予了他更多积极的关注。不过，没关系，请不要担心他表面的反应——不管是怀疑还是抵抗。你只需要知道，在他的心里他在用自己的方式感激你的关注，尽管他在表面上可能不会让你知道。

今天，请关注调皮学生好的方面并赞美他。也许你注意到了他的新发型，也许你喜欢他的新衬衫，也许你观察到了他学习很专心，也许你发现了他在为别人做好事。你关注他的哪些方面并不重要，重要的是你注意到了他的好，并且赞美了他的好。

为了让学生知道你已经注意到了他的好，你是怎么做的，请把它写下来。

_____

_____

_____

_____

当你赞美学生好的方面时，学生是如何反应的，请把它写下来。

_____

_____

_____

_____

将学生的进步及时告诉家长

在过去的几天里，你已经对调皮学生有了特别的关注，你已经称赞他出色地完成了学习任务，你已经足够信任他并让他替你去跑腿，你已经注意到了他许多好的方面，等等。这些经历都可以在你写给他父母的信中提起，你甚至可以在信中夸赞你的学生。

今天，你可以给他的父母写一张简短的小纸条，小纸条中可以这样写："我真的为特雷弗感到自豪，因为他在_____方面有了很大的进步。"请让学生把它带回家给他的父母，为了让他也能看到这张小纸条，请记住：在把它交给学生时，不要把装小纸条的信密封起来。

你在纸条中都写了些什么，请把它写在下面的空白处。

_____

_____

_____

当你把信封交给学生时，他有什么反应，请把它写下来。

_____

_____

_____

你已经在过去的五天里为调皮学生倾注了许多积极的关注，现在他有哪些改变，请把它写下来。

_____

_____

_____

为什么你要选择当老师

请静心思考

你为什么要做老师？你找到了自己作为老师的骄傲了吗？你第一次觉得自己是一名真正的老师是在什么时候？

你可以这样做

虽然每个人选择成为老师的原因各不相同，但在这些原因中我们总能找到相似之处。这些典型的相似之处包括：

- 我喜欢与年轻人一起工作。
- 我喜欢帮助别人，并希望别人的生活与众不同。
- 我有一种特殊的天赋，可以帮助别人更好地学习。
- 我有一些激励他人的诀窍。
- 我很敬佩我的老师，我希望像我的老师那样去为别人付出。

其实，很多学生根本就不知道他们的老师为什么会选择教学。你知道这是为什么吗？我们认为，这是因为许多老师从来没有意识到让学生知道他们的老师热爱教学是多么重要的事情！当学生深入了解自己的老师后，他们会更好地学习、冒险、成长。

今天，请花一两分钟的时间告诉学生，你为什么选择当老师，为什么坚持教学。你要让他们知道，你将教学视为一种使命的召唤和生命的荣耀，他们的成功对你来说是多么重要。无论多大的学生都喜欢故事，无一例外！因此，请告诉他们关于你的故事！

学生的心声

请让我相信，您热爱您所做的一切，我会更好地向您学习。

为期20天的教学实践检验

为了检验这20天来你对我们讨论的所有主题的完成情况，我们设计了一个简单的调查问卷。今天你的任务就是认真地完成这个调查问卷。请仔细阅读每一栏的描述，然后在右侧栏中写上"是"或"否"。

教学实践检验问卷

1	我已经写好了关于职业发展的书面目标。	
2	我已经知道教学是不可预测的，所以我要尽我所能地学会随机应变，以便更好地处理教学事务。	
3	我运用了适当的策略来消除学生的消极行为。	
4	我极其小心地避免传播流言蜚语。	
5	我努力将课程内容与学生的真实生活紧密相连。	
6	我已经运用了第127天的"学习好朋友"策略。	
7	我积极地与学校管理者合作。	
8	我已经写小纸条给学生的父母，表扬学生的优秀表现。	
9	我正在尝试着像我最喜欢的老师那样对待自己的学生。	
10	我很小心地避免像我最不喜欢的老师那样对待自己的学生。	
11	我没有给学生布置超负荷的家庭作业。	
12	我已经在努力地尝试第132天和133天中关于家庭作业所给出的中肯建议。	
13	我已经投入了额外的时间和精力来帮助班上的调皮学生。	
14	我与学生分享了自己为什么要选择当老师的故事。	

你的收获和计划

基于昨天的调查结果，请你花几分钟的时间把所思所想写在下面的横线上，你的所思所想可以包括以下内容。

- 你最近的收获。
- 你曾经学过但现在需要提醒才能回想起来的知识和技能。
- 你所注意到的学生的表现。
- 从现在开始，你计划去做的那些与众不同的事情。

_____

_____

_____

_____

_____

_____

_____

延展阅读

教学，不是一件按部就班就能做好的事情，而是一项运用有效的方法激发学生主观能动性的伟大事业。那么如何才能实现这一伟大事业呢？答案很简单，竭尽全力，把教学做到最好！

有趣的学习游戏

请静心思考

学生很喜欢做游戏，这是经过众多研究得出的结论。但是，作为和学生朝夕相处的老师，我们根本不需要专门的研究来告诉我们那些我们已经知道的事实。对于学生而言，游戏是非常迷人、刺激以及有趣的。不仅如此，游戏对于成人而言也是非常有趣的！

你可以这样做

卓越的老师常常会把游戏融入自己的教学活动之中，其中，最好也是最容易的一种方法就是将功课的复习融入游戏之中。下面是一种我们最喜欢和学生玩的游戏，它专门用来测试学生对功课的掌握程度。

拿一个干净的废纸篓或者将一个铁圈固定在门后面，这样就可以让学生开始一场篮球游戏。你要在玩这个游戏的前一天就通知你的学生，因为这是一个复习功课的游戏，你必须要让学生重视这个游戏，以便他们提前复习那些你将要测试的知识和技能。现在，游戏开始：问学生一个在你测试范围内的问题或者让学生向你展示一项技能。如果他回答正确，那么他将获得1分，外加一次投篮的机会。如果他投中了，那么他将再获得1分。如果一个学生的回答是错误的或者投篮没投中的话，那么他就要等待下一次机会了。我们通常喜欢将整个班级分成两个大组，让这两个组的成员彼此竞争。这种方式能够让还没轮到的学生也积极参与到整个游戏当中，他们彼此之间也更愿意为对方喝彩。

我们为你提供的这个游戏已经经过了所有年级老师的实践，并且都非常成功。今天，我们鼓励你和学生进行更多、更好、更有创意的游戏。不管什么样的游戏，只要确保它能与你所教的知识密切相关，并且能给参加游戏的每个人获胜的机会，那就值得你试一试。当然，如果老师也能参与游戏的话，学生会非常高兴。因此，你可以在课堂上多安排一些有趣的游戏，并尽量与学生一起做游戏。

如果你完成了！

多让学生参与到丰富多彩、趣味盎然的学习游戏中，这将有助于打破课堂沉闷的气氛，让千篇一律的教学手段和方法得到极大的改善。

给学生一点小小的款待

请静心思考

人们总是乐于享受别人用来款待自己的东西。尽管我们有时候会嘲笑飞机上提供的一小袋花生，但有时候不得不承认这点小小的款待让人感觉很舒服。

不可否认，老师也很喜欢参加提供点心的会议。我们鼓励你偶尔款待一下你的学生。当然，你不能每天都款待他们，我们只是建议你偶尔因为简单的原因小小地款待学生一下。

你可以这样做

我们应该怎样款待学生呢？其实，任何能激励学生的方式都可以用来款待学生，只要你以公正的态度对待每一个学生，并真心为了他们好，那么无论什么东西和方式都可以增加学生的成就感和积极性。永远不要忘记在你教导学生之前，你必须接近他们、了解他们，而款待学生是你打开学生心扉的有效方法。

许多老师喜欢对完成某项特殊任务的学生进行单独奖励，我们并不反对这么做。但是，更多的时候老师应该给每个学生这样的款待，让所有的学生都意识到他们在老师眼中是特别的。

学生的心声

老师奖励了我一些甜蜜的小点心，我从嘴里一直甜到心里，我知道老师这样做是在表扬和激励我。我们都渴望得到老师甜蜜的惊喜，为此我们处处严格要求自己。

请同事来称赞学生

请静心思考

试想一下，有人突然出现在你面前，对你说了下面的话，你会有什么感觉？

哇，今天教务处主任一直在不停地称赞你，他说你是他见过的最卓越的老师。

我听说你做了一件非常了不起的事情，甚至轰动了整个校委会，现在好多人都在谈论你呢。

我偶尔听到一群学生说你是他们最喜欢的老师。

我参加了一个家长会议，听到一大群家长在说，无论发生什么，他们都希望你能当孩子下一年的老师。

听到这样的话时，你难道没有感觉很舒服吗？难道你不喜欢听到有人对你的努力表示关注和欣赏吗？别人对你的赞赏在很大程度上会让你想要比现在做得更好，难道不是吗？

你可以这样做

在第69天的时候，我们曾经谈论过，没有什么事情比在别人面前称赞学生更容易让学生站在你这一边。你可以通过告诉学生你在别人面前称赞他们的方法来表达你对学生的肯定。今天，你就可以行动起来，证实这个方法的有效性。

邀请你的一位同事来到你的班级，让他对学生说："我只是想让你们每一个人都知道，你们的老师总是以你们为骄傲，她说你们是她教过的最优秀的学生，她一直在不停地称赞你们。"就这样简单！它可能只需要你的同事花上20秒的时间，尽管时间很短暂，但这对你的学生来说却意味着很多很多。当然，你也可以让学校管理者、同事或者成年人来完成这件事情。

如果你完成了！

不得不承认，被人称赞是这个世界上最令人愉悦的事情！学生也需要那样的肯定，请把你对他们的称赞告诉他们，因为你的称赞与学生的好表现之间是紧密相连的。

你现在压力有多大

请静心思考

作为老师，我们每个人都会经受压力。有压力并不可怕，重要的是，我们要懂得如何来应对和缓解压力。为了让我们的身体保持健康，为了让我们的情绪保持稳定，为了让我们的学生表现出色，我们一定要正视压力，并积极缓解压力。

你可以这样做

今天，请你先评估一下自己所面临的压力，你发现自己经历过下面的情况吗？

- 拖延与教学相关工作。
- 当你感到愤怒时，你会提高自己的声音。
- 逃避挫折。
- 为自己所做的事情后悔不已。
- 当碰到无法控制的事情时，你会感到不安。
- 太多的事情压得你喘不过气来，你根本没有足够的时间去完成它们。
- 与一些学生发生过激烈的争吵。
- 与同事的关系出现了一些问题。
- 在争取家长支持的过程中出现了一些问题。

上述这些压力是很多老师都会面临的。因此，如果你发现自己有这些压力时，不要过于紧张，你需要冷静下来，认真分析并积极解决存在的问题，只有这样你的压力才会得到有效缓解。以下这些建议可以帮助你更好地应对压力。

- 科学合理地管理时间，会让你熟练地应对超负荷的工作。

- 时刻提醒自己为什么要选择当老师，在做任何决定之前都请铭记你的初衷。

- 永远不要允许自己陷入与学生的冲突中。

- 当你不知道该怎么办时，你可以选择对学生说："我过后再和你讨论这件事情。"这不仅能避免与学生产生冲突，而且有助于你们彼此都冷静下来。这样，你就会有更多的时间去思考如何理智地处理这个问题。

- 如果碰到你无法控制的事情时，先别管它，让它顺其自然地发展。

- 时常保持微笑，并学会深呼吸。

- 无论如何，请在学生与同事面前表现出较高的职业素养。

- 永远不要让学生知道他们能激怒你。

如果你完成了！

你是一个兢兢业业、尽忠职守的老师，因此教学压力是不可避免的。千万不要让偶尔受到的挫折和压力打败自己，一定要记住你在做与众不同的事情。今天就放松一下吧，享受一个有趣的夜晚犒劳一下自己，这是你应得的！

和学生一起变戏法

请静心思考

生活中，你专注积极的东西越多，消极的东西就会越少。教学也是如此，我们应该将自己的注意力聚焦在积极备课、积极传道授业、积极与学生互动等方面，努力为学生创造一个积极的学习环境，为他们的成功提供更多的支持和帮助。

你可以这样做

一位演讲者站在数百名观众面前，说："请大家环顾这个房间，并记住你所见到的任何一件棕色的东西。你将有30秒的时间仔细观察，计时开始！"数百名观众开始努力睁大眼睛搜寻整个房间的任何一件棕色的东西。不一会儿，演讲者开始倒数："10、9、8……好的，时间到！请闭上你们的眼睛。"演讲者接着说："现在，请回忆一下你们所见到的白色东西。"话音刚落，观众们顿时震惊了，没有人能够回想起哪些东西是白色的，甚至连那些穿白色衣服的人都没想起自己穿的是白色衣服！停了一会儿，演讲者紧接着说："现在，请大家睁开眼睛，看看房子四周。"让人们惊讶的是，房间里到处都是白色东西。墙壁是白的，房顶是白的，演讲台上的巨大屏幕是白的，白色随处可见。实际上，房间里白色东西要远远多于棕色东西。

演讲者又说道："就像你们所见到的那样，房间里白色东西比棕色东西多得多。但是，当闭上眼睛的时候，绝大多数的人却根本想不起来哪些东西是白色的，请大家仔细想想为什么会出现这样的现象呢？当然，发生这种现象并不奇怪，因为大家都在一门心思地寻找棕色东西，并没有注意白色东西。"演讲者紧接着说："同理，生活也就是大家一门心思关注的东西，在有限的生命里你身边时刻充满着或积极或消极的东西。很多的时候，你的精力可能都耗费在消极的东西上，而忽视了身边随处可见的积极的东西。记住：你有权利自己选择关注的焦点，现在请关注积极的东西！"

今天，你的行动很简单，就是和学生一起进行上述的变戏法游戏。记得把变戏法中演讲者对他的观众所总结的道理，再讲一遍给学生听。同时，也要记得提醒自己将注意力聚焦在生活和课堂的积极方面。

如果你完成了!

生活就是你所关注的东西，你越关注它，它越有可能在你身边发生。积极地投入到你的教学工作中，与学生打成一片吧，积极地教导学生去发现身边积极、美好的东西！

想知道你在学生心中的形象吗

请静心思考

如果有人要求你的学生根据下面的选项来形容你，你觉得学生会做出怎样的选择呢？

你可以这样做

在每个数字后面的三个选项中用圆圈标出最能贴切地描述你的老师的选项。

1. 亲切	严肃	介于两者之间
2. 快乐	不快乐	介于两者之间
3. 充满活力	沉闷	介于两者之间
4. 热爱教学	不喜欢教学	介于两者之间
5. 有专业素养	没有专业素养	介于两者之间
6. 很擅长教学	不擅长教学	介于两者之间
7. 积极	消极	介于两者之间
8. 冷静	紧张	介于两者之间
9. 井然有序	紊乱	介于两者之间
10. 使学习变得有趣	使学习变得无趣	介于两者之间
11. 受人尊敬	受人轻视	介于两者之间
12. 信任我	不信任我	介于两者之间

如果你完成了!

毫无疑问，只有卓越的老师才值得让学生选择这12个数字后面的第一个选项。也许你看了上述清单后，会担心你的学生在想起你时可能不会都选择第一个选项，请别担忧，只要你努力把工作做到最好，为他们倾注你的所有，学生一定会喜欢上你的。

请你鼓足勇气，让学生回答这些问题。我们的学生才是我们最好的批评者！只有这样，我们才能得到真正的进步。

和家长分享你的骄傲

请静心思考

无论孩子有多大，父母都很喜欢别人称赞自己的孩子，因为父母会将它视为对自己的夸赞。当然，父母也值得被夸赞，因为当有人为他们的孩子感到骄傲时，他们必定做了正确的事情！

同样，孩子也喜欢大人为他们感到自豪！当老师让学生带一张夸奖的小纸条给家长时，一定有两个人会为学生感到自豪——他的老师和至少一名家长。

你可以这样做

下面是写给学生家长的小纸条的模板，你可以参考一下。

亲爱的 ＿＿＿＿＿＿ 女士/先生：
　（学生家长的名字）

　　我想对您说，我为您的孩子 ＿＿＿＿＿＿ 感到无比的骄傲与自豪，他/她做了一件非常了不起的事情。（学生的名字）

＿＿＿＿＿＿＿＿＿＿＿＿＿＿＿＿＿＿＿＿＿＿＿＿＿＿＿＿＿＿

＿＿＿＿＿＿＿＿＿＿＿＿＿＿＿＿＿＿＿＿＿＿＿＿＿＿＿＿＿＿

＿＿＿＿＿＿＿＿＿＿＿＿＿＿＿＿＿＿＿＿＿＿＿＿＿＿＿＿＿＿

　　我相信您也会为他/她感到无比骄傲与自豪。
　　此致
敬礼！

　　　　　　　　　　　　　　　　您真诚的 ＿＿＿＿＿＿

今天，请准备一些给学生家长的小纸条，并让学生带回家给他

们的家长。它们虽小，但价值却不可估量！从现在开始，请多准备一些这样的小纸条放在你的办公桌抽屉里，并记得经常使用它们。

家长的心声

您让孩子给我带回了一张小纸条，告诉我您为孩子今天所做的一切感到骄傲。我非常激动，我也为孩子感到骄傲与自豪。您对孩子的夸赞也暗示了我是一个好家长，非常感谢您！

关注学生的好品质

请静心思考

这个世界永远不会有太多的好人，或太多的好事，或太多的好老师，或太多的好学生，因为美好的东西无论有多少都不算多。尤其是孩子，在他们的生活中更需要美好的东西，他们需要大人认可和发掘他们的好品质，因为好品质会伴随孩子一生。

你可以这样做

下面是你今天要进行的简单行动：

请拿出一张大纸，并在这张大纸上写上班级所有学生的名字。然后，在每个学生的名字后面留两个空白处。在第一个空白处用一个词或短语描述这位学生的一个好品质，第二个空白先空着不填。例如：

1. 特拉维斯：礼貌 _____
2. 劳伦：勤劳 _____
3. 麦迪逊：创意 _____

在这一天快结束时，把这张纸贴在教室的墙上。请确保它足够大，以便每位学生都能看清楚，如果能用一张专门的大公告纸就最好不过了。记住，要等学生离开后才做这件事情，因为这是你的秘密，你期待着明天早上能给学生一个惊喜。

如果你完成了！

告诉你的学生，今晚回家好好想想他们身上所具有的优秀品质，至少要想出一个。我们明天将会告诉你怎么利用这个信息。

鼓励学生发掘自己的好品质

昨天，你已经张贴了一张公告纸，上面写着每个学生的名字，而且每个名字后面都用一个褒义词或者短语描述了这位学生的优秀品质。今天，你要仔细观察，在你还没有和学生透露关于这张公告纸的任何信息之前，当学生发现这张公告纸时，他们做出了哪些行为，请把这些行为的典型例子写在下面的横线上。

_____

_____

_____

_____

_____

_____

你可能会看到学生惊讶的表情，也可能会收到学生的种种疑问，还可能会感觉到一些学生对表扬不适应，因为在他们的生活中很少听到表扬，当这样的学生看到自己的优秀品质被公开展示在所有人面前时，他们会感到有点尴尬。没关系！那就尊重这些学生的意见，以他们认为最好的方式来处理这件事吧。

按下来，你可以对学生说："我看到你们已经注意到了这张写有每个人名字的新公告纸。在你们每个人的名字后面，我都写了一个我认为你们所具备的优秀品质。其实，对于每个学生我都可以写出很多很多的优秀品质，但由于空间的缘故我只写了一个。昨晚，我要求你们回家后想想自己具有的一个优秀品质。请注意，在你们每个人的名字后边，第一个空白处是由我填写了你们每个人的优秀品质，而第二个空白处，我希望你们每个人在今天离开之前把自己昨晚想好的优秀品质填写上去。如果有人认为自己有很多的优秀品质，也可以多填几个，我很欢迎大家这么做。"

等学生把第二个空白处填好之后，你就可以将这张公告纸一直贴在教室里，直到这个学年结束。据我所知，你一定可以多次看到学生走近它，欣赏它。

学生的心声

老师，请您关注我内在的好品质，也请您帮我发掘一下我可能拥有的潜在的好品质。如果您认为我是好样的，那么我一定会努力变得越来越好！

学生真正需要的是什么

请静心思考

如果你想知道，学生真正想要从他的老师——你那儿得到什么，或者需要什么，请亲自问他！

你可以这样做

我们采访了从幼儿园到十二年级的许多学生，问他们心目中理想的老师是什么样的，他们的回答惊人相似。下面是学生对老师的期望的一个清单。

- 要很亲切，而且经常会对他们微笑。
- 要关心他们。
- 要理解他们，而且对他们要有耐心。
- 当他们遇到困难时要帮助他们。
- 要对所有人公平一致。
- 要享受教学。
- 要值得信赖。
- 要了解他们。
- 要相信他们。
- 要冷静地对他们说话。
- 要让学习变得有趣。
- 在他们的同龄人面前不要为难他们。
- 要鼓励他们做最好的自己。
- 帮助他们取得成功。
- 对他们永不放弃。

据调查显示，许多老师从来没有问过自己的学生想要从班级或者老师那里得到什么。对此，你一定会感到非常惊讶。

如果让学生说说对你的想法和期望，你一定会听到上述清单中所列出的同样或者类似的事情。但是，不管怎样，你都要亲自问他们，因为你的这一举动暗示了你很关心他们，并且能虚心听取他们的意见。

如果你完成了！

虽然你不可能满足每个学生的每一个想法和需求，但只要你努力，你绝对可以成为学生心目中的理想老师，每个孩子都值得拥有这样的老师！

老师的信条

昨天，我们已经列出了学生对老师的许多想法和期望，但这并没有包含所有学生想要从老师那里得到的东西。你可以鼓励所有学生说出他们对你的期望，并将其记录下来，整理成清单，然后将这一清单变成自己的"老师信条"，你甚至可以骄傲地将其展示在教室里。它看起来可能会像这样：

我向你们承诺，我的学生。

我保证，我会很亲切，而且会经常对你们微笑。

我保证，我会关心你们每一个人。

我保证，我会用心去理解你们。

我保证，当你遇到困难时我会竭尽全力帮助你们。

我保证，我会对你们充满耐心。

我保证，我会对所有人公平一致。

我保证，我会非常享受和你们在一起的每个瞬间。

我保证，我一定努力成为一个值得你们信赖的人。

我保证，我以后再也不会冲你们大喊大叫。

我保证，我会用心去了解你们。

我保证，我会深深地相信你们。

我保证，我会让学习变得有趣而有意义。

我保证，我不会在你们的同龄人面前为难你们。

我保证，我将鼓励你做最好的自己。

我保证，我会尽我所能帮助你们成功。

我保证，不管怎样，我永远都不会放弃你们。

顺便说一声，如果你要去应聘另一所学校的老师职位，你可以在面试过程中，将上述清单给负责招聘的学校管理者看，我相信你一定会成功得到那个职位。清单中所展示的老师类型是学校管理者最喜欢雇佣的老师类型，因为任何一个可以自豪地将这个清单展示在他或她的教室并以此为己任的老师都是一块珍宝——一名值得每个学生拥有的卓越老师！

如何处理学生的冒犯行为

请静心思考

请认真考虑以下情形：

课堂上，妮可在开小差。你平静地对她说："妮可，请你别再开小差了，注意认真听课。"妮可突然愤怒地说："我没有开小差，你_____！"（我们坚信你一定能够填补这个空白。）

你可以这样做

问：当妮可对你说这些话时，教室里所有学生的目光集中在哪里——妮可或你身上吗？

你猜对了——全体学生的目光都会集中在你身上。"老师会如何反应呢？"这是每个学生脑海中都会冒出的问题，包括妮可。那么，你会怎么做呢？我们强烈建议你什么都不要做。请千万不要像许多老师那样以一种非常愤怒的语气问学生："你刚才说什么？"你是真的想听她说两次吗？很显然，你并不想这样做。在这个时候，你如果被学生激怒，不经大脑思考就做出反应，那就太危险了，你很可能会说一些不恰当甚至不符合教师身份的话，而且话一旦说出去你就再也无法将它收回来了。

一旦遇到这种情况，我们建议你什么都不要做。实践证明，这一建议是非常管用的，不仅如此，它几乎适用于任何课堂失控的情形。

首先，我们应该明白，在任何一个学生失去控制的情况下，你都必须保持冷静，至少表面上要表现得掌控自如。你应该冷静地对妮可说："我可以看出你现在真的很心烦，等你冷静下来后我们再谈吧。"然后，对着所有学生微笑并继续讲课，就像这是你生命中最快乐的一天一样。等妮可冷静下来之后，你可以将她叫到一边，私底下对她说："妮可，发生什么事了？你在课堂上有点失控，我觉得这样对你非常不好。到底出什么问题了？"不管她是否会和你分享她的问题，你都可以对她说："我不会喋喋不休地教训你做了哪些不恰当的事情，因为我知道你已经想明白了。但是，如果你以后心情不好时，请给我一个信号，我会先将你叫出教室，然后我们再解决问题，这样就不会让你在同学面前感到尴尬了。记住，这是我们之间的小秘密。好了，现在让我们回去上课吧。"

如果你完成了！

没有任何的冲突，问题就这么解决了。学生们都惊呆了，连妮可也感到不可思议。关于这个技巧，你可能还有一些疑问。明天，我们将仔细地分析今天发生在妮可身上的情形，并告诉你为什么我们分享的技巧会如此有效。

学生越失控，我们越要掌控自如

请静心思考

昨天，我们分享了妮可失去控制的情形——你不幸成为她愤怒的发泄口。她是多么幸运，因为这发生在你的课堂上，而不是发生在一个常与学生产生冲突的老师的课堂上。

你可以这样做

在阅读了我们分享的技巧之后，你可能会有一些疑问，我们将试着预测这些疑问并努力解答它们。首先，没有人会去讨论你和妮可之间的冲突，因为你表现得非常平静，你的平静很快就会消除所有学生看热闹的心态以及对妮可的同情。学生们会惊奇地发现你居然这么冷静，因为你的反应与很多老师的"典型"反应截然不同。其次，你选择了和妮可私下处理这件事情，因此没有人知道真正发生了什么，除了你和妮可。你可能会担心："万一妮可告诉其他学生我对她说过的话，其他的学生会怎么反应？"的确，有些学生可能会问："妮可，后来发生了什么事情？"最好的结果是，无论谁问到妮可这个问题，她都能用同一个词来回答："没事。"通常，学生都会这么回答，妮可也不例外，尽管没有人会相信这样的回答。因为学生知道你是真心为他们着想，所以他们不会和其他同学分享只属于你和他们之间的小秘密。因此，你完全没必要担心他们将秘密告诉别人。

这就是双赢！你既不用惩罚妮可，也能很快把事情解决。在我们的这个小技巧中根本就没有惩罚，但我们并不想通过这件事来告诉你不能惩罚学生，是否惩罚学生完全由你自己决定。不管怎样，你达到了我们想让你达到的目的——老师与学生没有陷入冲突之中，老师承担了对学生的责任，并表现得掌控自如。当你对学生的冒犯行为达到了这种境界时，学生就不太可能重复这种错误行为。这就是老师真正想要达到的效果——消除学生的冒犯行为，并确保它不再发生。在第158天的时候，我们会分享更多的课堂管理应对技巧。

如果你完成了!

学生越失控，你就越要掌控自如!

培养学生的良好行为

请静心思考

你知道如何处理学生的行为问题吗？我相信老师们都曾经研究过这个问题，因为它真的很重要。

作为老师，我们需要经常分析学生的不良行为，并确定其发生的真正原因，然后从中找到对症治疗的方法，有效阻止不良行为的重复发生。不仅如此，我们还需要分析学生良好行为，并确定其发生的真正原因，然后利用这些信息帮助学生最大限度地保持和改善他们的好行为。

你可以这样做

今天，我们重点来分析学生良好行为，并探讨其发生的原因和条件，以便你更好地培养学生的良好行为。我们为你列出了一个清单，它几乎包含了所有你想知道的如何分析和培养学生良好行为的内容。简而言之，它就是：

● 当学生忙于众多有意义的活动时，他们将很少有时间出现不良行为。

● 当老师表现得井然有序、充满热情、平易近人时，学生的行为也会得到极大改善。

● 当学生感到成功时，他们会努力表现得更出色。

● 当老师积极与学生建立融洽的关系时，课堂上将会很少出现学生行为问题。

● 当老师制定了具体的课堂管理规程，并能始终如一地执行它们时，学生会表现得更好。

● 当老师隐藏起自己的锋芒，懂得自我控制，不带着怒气行事时，课堂上的纪律问题将会大大减少。

如果你正在做上面提到的所有事情，那么恭喜你找到了成为卓越教师的捷径。相信我们，只要你坚持下去，课堂上的纪律问题一定会越来越少，学生的表现也一定会越来越出色，自然而然，他们的学习效率会越来越高，成绩也会越来越好。

如果你完成了!

有时，学生会经受不住诱惑而做出不良行为。请记住：学生还是小孩，他们的自控力、心理素质还不够完善，犯错也是难免的。作为老师，我们要懂的分析学生的良好行为，以此来帮助学生更好地培养和改善自己的良好行为，更坚决地抵制不良行为的诱惑，这是你必须掌握的重要专业技能。

保持课堂章程的一致性

请静心思考

我们一直都在内疚……我们怀着最好的意图制定课堂管理章程，但实施的过程却异常艰辛，导致我们总是不能将其贯彻始终。

你可以这样做

我们要求学生，他们必须先举手再发言，但我们自己又总是回答那些不举手就提问的学生的问题。当一个学生注意到这个现象后，他马上就会效仿。没过多久，绝大多数学生都不举手就开始发言，这让我们变得非常焦躁。但是，事情发展到如此一发不可收拾的地步，究竟是谁的错？毫无疑问，是我们的错！我们忘了要始终如一地执行我们的课堂管理章程。学生一旦发现我们并没有始终如一地执行它们，他们很快就会想要挑战老师，看看自己究竟可以逃脱课堂章程多少次！

我们制定章程来管理我们的课堂，并且发誓要永远始终如一地执行它们，但很快我们发现自己被笼罩在混乱之中。事实上，我们应该学会衡量事情的轻重缓急，一切违反章程的行为都要格外重视并及时解决！

事情通常不会突然之间就完全崩溃。它们只会一点点地散架，就像我们在执行规章制度时，我们总是在一点点地丧失我们在保持章程一致性方面的坚持。

毫无疑问，卓越的老师总是在保持章程一致性方面做得比别的老师好很多。他们告诉学生他们所期望的，并且维持着这些期望长达一整年之久。他们始终坚持组织和管理课堂，他们始终保持章程的一致性，他们始终维持高水平的工作质量，他们始终坚持他们的专业性。

对于你的教学工作——课堂计划、课堂管理、教学、处理学生的行为问题等，你又是如何坚持的呢？你觉得哪些地方还需要改善？不管怎样，请始终如一地执行班级的章程。

如果你完成了！

当老师能保持章程的一致性时，纪律问题就会很少出现。老师不仅要懂得如何有效地执行章程，而且要详细地教导学生如何去遵守，这样才能保持章程的一致性！

安静的课堂就是高效的课堂吗

请静心思考

谬论：安静的课堂是高效课堂的象征。

你可以这样做

事实上，我们都知道有些老师一直在洋洋得意地宣扬一个事实，那就是无论你什么时候从他们的教室路过都会发现教室里安静得连一根针掉在地上都能听见。然而，我们认为，虽然有时保持教室的安静很有必要，例如当学生正在考试或者正在进行一个必须独立完成的任务，但是绝大多数时候教室里还是应该充满学习的声音！

有一些老师可能会赞同我们的观点，但他们还是担心有人路过教室时会认为学生们只是在玩而不是在学习。其实，和谐的学习声和混乱的噪声远远听起来并不一样，任何人都能够区分它们之间的差异。当你路过缺乏课堂管理的教室，学生们正在乱哄哄地吵闹并且彼此大声说话，中间还夹杂着老师的警告声和乞求学生保持安静的声音时，你会立即意识到这是一种很混乱的噪音。但当你路过一个学生们正在就一个概念或主题展开讨论的教室时，你会听到学生们正在自己的小组中小声地讨论，你马上就会明白这是一种很和谐的学习声。再次强调，任何人都能够区分和谐的学习声和混乱的噪声之间的差异。

今天，你可以评估一下你的教室的声音。请问自己以下几个问题：如果有人路过我的教室，他们通常会听到什么？他们会听到笑声和学习声吗？他们会听到意气风发的辩论声和激烈的讨论声吗？他们会听到学生齐声朗读的声音吗？他们会听到小组合作学习时共同解决问题的声音吗？如果回答是肯定，那么只要声音没有打扰到附近教室的学生和老师，那就是值得称赞的声音！但是，如果你确定你的教室总是非常安静，那么你可能需要给它添加一些和谐的学习声了。

如果你完成了！

你的教室不安静并不意味着课堂就会混乱，教室里学习的声音就是和谐之声。在这和谐之声中，学生年轻的思想齿轮已经开始不停地运转！

委婉地鼓励学生去行动

请静心思考

有时，让学生去做一件事情的最佳途径就是告诉他，你不打算要他去做这件事，尽管那就是你真正想要他做的事情！不管你信不信，这个小小的心理战有时真的很管用，它会对你成功要求学生做某件事有很大的帮助。

你可以这样做

在这里，我们重点强调一下，让这个技巧取得好效果的唯一方法就是你必须显得专业和冷静。如果你大发雷霆或者激怒学生的话，这个技巧根本就不会起作用。事实上，当你失控的时候，任何技巧和策略都不可能起作用！

请尝试着对学生说下面的话，然后准备好接受惊喜吧。

● 我没打算告诉你坐下，因为我知道你已经意识到要回到自己座位上了。谢谢。

● 我没打算告诉你吃午饭时不要说话，因为我知道你早就明白我们不能打搅他人吃饭。谢谢。

● 我没打算告诉你停下来，因为我知道你早就明白停下来不合适的。谢谢。

● 我没打算告诉你这次事情做得不够完美，因为我知道你已经意识到了，我相信你下次一定会尽自己最大的努力。谢谢。

● 我没打算告诉你这是你做的最坏的选择，因为我知道你早就明白这些，我坚信你下次一定会做出更好的选择。谢谢。

● 我没打算告诉你要为那些说出的伤害话向同学道歉，因为我知道你已经在想办法向她道歉了。谢谢。

● 我没打算告诉你要全身心地投入学习，因为我知道你已经想要开始了。谢谢。

老师的心声

为了不伤害学生的自尊心，为了让学生感觉好一点，我会对学生说"我没打算告诉你……因为……"，我希望通过这种温和的方式委婉地提醒学生去行动。我一直是这么做的。为了学生能够更好地成长，不管是善意的谎言还是隐藏了动机的小心翼翼的提醒，我们都要不辞辛劳地去做。

偶尔将课堂转移到室外

请静心思考

你是否曾经有过待在小小的空间里的经历？也许是在一间病房？也许是由于天气不好而将自己关在房子里？当你终于走到外边，看到了不一样的风景时，你会有什么样的感觉？即使新的风景并不美丽，但你依然会感觉新鲜。

你可以这样做

如果你日复一日地看同样的风景，那么即使最美丽的风景在你眼中也会失去它的美丽。研究证明：长时间看相同的风景的确会使人们失去兴趣或感到幽闭。

你有没有发现自己曾经一直被一个同样的问题困扰，你迫切地想要找到解决办法，但是你越想解决，却越感觉自己困在自己的想法中不能自拔。于是，当你累了，倦了，索性抛开它不去想的时候，完美的解决方案突然就冒出来了。难道这是奇迹发生了吗？当然不是。这只是因为你突破了思想的禁锢，改变了自己脑海中的风景。其实，我们所有人都需要不时地变化脑海中的风景，这是恢复思想活力的关键。

即使你的课堂是一个令人向往的地方，它充满了丰富的色彩、澎湃的活力以及一切欢快的事物，但是时间久了学生也会厌倦，你的课堂也会随之失去魅力。因此，请不时地变化一下课堂的风景，你可以选择将课堂安排在室外。相信我们，无论多大的学生都会非常喜欢你的安排，他们永远不会拒绝这种新鲜的尝试。当课堂转移到室外之前，请确保你已经向学生明确说明了你期待他们做的事情。切记：不要把学生带到室外后再试图告诉他们你希望他们如何去行动，因为此时的学生已经完全沉浸在新鲜的事物中，根本没有心思听你嘱咐了。此外，你还可以告诉他们，如果他们表现得很好，你下次还会将课堂安排在室外，以此作为对他们良好表现的奖励。

如果你完成了！

警告：如果学生对上课没有兴趣和激情时，你就要提高警惕了，因为这可能意味着他们在同一个地方待得太久，渐渐对课堂产生了疲倦感。你可以将课堂偶尔转移到室外，为其增加更多新鲜的元素，这将有助于学生更积极地参与课堂活动，并拥有更多的微笑和快乐！

为期20天的教学实践检验

为了检验这20天来你对我们讨论的所有主题的完成情况，我们设计了一个简单的调查问卷。今天你的任务就是认真地完成这个调查问卷。请仔细阅读每一栏的描述，然后在右侧栏中写上"是"或"否"。

教学实践检验问卷

1	我将游戏有效地融入教学之中。	
2	我偶尔用意想不到的礼物来奖励学生。	
3	我已经让同事来我的班级告诉学生，我一直在别人面前称赞他们。	
4	我已经意识到教学压力很大，我学会了利用一些技巧和策略来帮助自己掌控和缓解压力。	
5	我已经回答了在第147天讨论的关于我的学生会如何形容我的问题。	
6	我已经开始让学生把我写给他们父母的"我为您的孩子感到自豪"的小纸条带回家了。	
7	我已经开始采用在第149天至150天中所谈到的"关注学生的好品质"的建议。	
8	我已制定并向学生展示了"老师的信条"。	
9	我已经意识到，学生越失控我就越要更好地控制自己。	
10	我已经慢慢地学会了分析和培养学生的良好行为。	
11	我已经下定决心一定要坚持规章制度的一致性。	
12	我的课堂上常常充满了和谐的学习声。	
13	我已经开始使用委婉的方式提醒学生。	
14	我尝试了室外课堂的策略，并把我期望学生做的事情提前告诉他们了。	

你的收获和计划

基于昨天的调查结果，请你花几分钟的时间把所思所想写在下面的横线上，你的所思所想可以包括以下内容。

- 你最近的收获。
- 你曾经学过但现在需要提醒才能回想起来的知识和技能。
- 你所注意到的学生的表现。
- 从现在开始，你计划去做的那些与众不同的事情。

_____

_____

_____

_____

_____

_____

_____

_____

延展阅读

　　学生在课堂上的高度参与是高效教学的核心。事实上，对于每一位教师来说，他们都可以利用与专注力、参与度有关的研究和策略，创造一个充满吸引力的课堂环境，提升学生的心情愉悦度、课程兴趣度以及自我效能感。

态度决定一切

请静心思考

我们经常听到态度决定一切！我们也经常告诉学生要不断改善他们的态度。但是，我们却总是忘记告诉学生为什么态度如此重要，也很少为他们提供一些理解和改善态度的方法。

你可以这样做

如果老师因为学生的恶劣态度而不断地挑剔他们，后果只有一个——那就是学生更加恶劣的态度。但是，如果老师能为学生提供改善态度的技巧和方法，那么学生的态度就能得到真正的改善，并且改变的过程也会变得非常轻松。

在接下来的五天里，我们将告诉你一些简单易行的技巧和方法，希望它们能够帮助你的学生改善他们的态度。即使那些已经有着良好态度的学生也仍然可以通过它们完善自己的态度，我们相信这项活动将让所有人受益，包括你！

今天，你需要与学生针对"态度"这个主题进行简短的讨论——它的定义、它对于成功的重要性、它在人际关系中的重要性以及它实际上所具有的传染性，等等。和学生谈谈你自己的态度，分享一下你打算做出哪些行动来改善自己的态度。如果时间充裕的话，你还可以组织学生讨论下面的话题，即具有良好态度的人往往是更快乐的人，他们会有更多的朋友，在生活中能够获得更多的成功，并且能够对周围的人产生积极的影响。

此外，你还要告诉学生，在未来的五天里，整个班级（包括你在内）将要玩一个"态度改善游戏"。在第五天的时候，那些态度得到明显改善的学生将会获得奖品。现在，你已经成功吸引到了学生的注意力！记住，无论年龄多大的学生都会喜欢奖品。

接下来，你可以给学生布置一个简单的任务，就是列出他们认为拥有好态度的人所具有的五种特质，告诉他们明天你要把他们所写的都收集起来。（如果你教的学生年龄很小，你不妨让他们直接告诉你，他们认为哪些人具有非常积极乐观的态度。）

如果你完成了！

帮助学生改善他们的态度，你就能帮助学生消除他们的消极行为！

教会学生如何应对不利局面

请静心思考

昨天，你让学生列出了拥有积极态度的人所具有的五个特质。今天，你要把它们都收集起来，但是没有必要挨个去检查每个学生所写的具体内容。你的目的很简单，就是让学生思考一下拥有积极态度的人具有什么样的特质。

今天，我们希望把重点放在拥有积极态度的人所应该具备的一个重要的特质上——一种能够承担失败以及能够把这些不利局面转变成积极学习的机会的能力。亨利·福特曾说过："失败是一次机会，让你更为机智地重新开始。"这个观点展现的就是一个积极向上的态度！想象一下，如果你的学生拥有这种态度，那么他们一定会在自己的学习和生活中取得更大的成就。

你可以这样做

你今天的行动就是和学生一起分享亨利·福特的箴言或者类似的箴言，并进行简短的讨论，你甚至可以让几个学生分享他们把不利局面转变成学习机会的成功方法。然后，告诉学生，今天的态度改善任务就是找一个自己现在面临的不利局面，并将其转变成积极学习的机会。

你可能想和学生分享几个例子，以帮助他们练习这种将不利局面变成学习机会的能力。例如，如果一个学生考试分数很低，那么他可以利用考试答错的题目帮助自己知道什么地方理解错了，怎样改正，如果找不出错在哪里，他可以向你请教；如果一个学生因为说了不该说的话而惹得别人不开心，那么他可以利用这个机会为自己的行为道歉，并趁机加强彼此之间的关系；如果一个学生对提高自己的运动技能感到无力，而且在锻炼过程中变得越来越沮丧，那么他可以将其视为一个分析自己哪些方面遇到了挑战的机会，并继续努力，而不是轻易放弃。如果当你让学生进行小组合作学习时，有一个学生不喜欢组里的某个人，那么他可以试着改变自己的想法，以积极的态度来面对，而不是不停地抱怨。

如果你完成了！

如果你能帮助学生意识到拥有一个积极态度的重要性，这就是一个巨大的成就！它会影响学生的行为和实现成功的方式。只要能帮助学生改善他们的态度，我们所花的这些时间和精力就都是值得的！

积极主动地解决问题

请静心思考

当人们看到一个装有半杯水的杯子时，

有的人看到的是，只剩半杯水了，

而有的人看到的是，还剩满满的半杯水。

这可是同一杯水，

为什么人们所见到的却如此不同呢？

难道这其中有什么魔术吗？

事实上，你明白的，根本就不存在什么魔术，

我们的态度决定了我们的视野，

无论生活是平凡的还是冒险的，

我们只关注自己选择关注的！

你可以这样做

请与学生分享这首诗，然后，花两分钟左右的时间来回顾一下过去几天你们对于积极态度所展开的讨论。最后，给学生布置一个简单的任务，任务分配如下：让学生先找一个他们现在存在的问题，然后为这个问题找到一个积极的解决方法。

请一定要记得提醒他们，即使他们的解决方法不管用，也至少要想明白为什么这个方法不管用。这个任务的关键是教会学生不要陷入对失败和挫折的恐惧之中，而是要积极地寻找解决问题的新办法。

别忘了提醒学生，在这两天内，只要他们能够证明自己的态度有所改善，就能获得你精心准备的奖品。此外，到目前为止，你可能已经注意到一些学生的态度已经得到了明显的改善，请明确地让他们知

道，你已经注意到了这些积极变化。

如果你完成了！

请让学生自己用一两句话来总结今天这一任务的完成结果，并要求他们明天将这些结果交到你这儿来。

教会学生微笑着面对一切

请静心思考

在第97天的时候，我们谈到了微笑的重要性，并讨论了这样一个事实，即当你微笑时，你的大脑会释放出内啡肽，这是你身体中的自然止疼药，在它的作用下，你会立即感觉好很多。那天，我们鼓励你在课堂上时常保持微笑。今天，我们则希望你能与你的学生分享这个诀窍，让他们也学会微笑着面对一切。

你可以这样做

今天，请你花几分钟的时间告诉学生，当一个人微笑时大脑会出现什么反应，然后马上证明给他们看。

首先，你让他们每个人都去回忆让他们烦心的事情——那些使他们伤心、生气、沮丧的事情。当所有的学生都照你说的去做时，你会发现他们的身体会发生一些变化，他们的头慢慢低下去了，眼睛开始看着脚下，眉头也开始紧皱，等等。然后，你可以对他们说："现在，我希望你们每个人都开始微笑，尽可能地展现出你们最大的笑容。保持这样的微笑，并尝试着再次回忆那些让你们烦心的事情，想想究竟是什么让你们焦虑、烦忧，同时请保持微笑。不要停止微笑，继续回忆那些让你们烦心的事情。"猜猜结果会怎样？他们根本做不到！因为当一个人微笑时，他很难想到消极的事情，也很少会感到不安和焦虑。

这个活动的真正目的是什么呢？那就是让学生懂得他们可以通过微笑来改变他们的态度！你刚才就向学生证明了微笑是改善态度的一个有效方法。当然，这并不意味着通过简单的微笑就可以解决生活中的所有问题，而是表明了微笑可以让态度得到"改善"，这就是通过这个活动你能告诉学生的道理。在你的课堂上试试这个活动吧，学生肯定会喜欢的，请相信我们。

如果你完成了！

收集昨天学生任务完成情况的汇总结果。如果有学生说把它落在家里了，你可以简单地对他说："没关系。只是一两句话的事情，请重新总结，并在放学之前交给我。"然后，再次提醒学生，明天他们将会因为态度的改善而获得你精心准备的奖品。

鼓励学生改善态度

请静心思考

在过去的几天里，你一直在帮助学生努力改善他们的态度。请记住，任何改善和进步都是值得高兴的！学生的态度越好，他们的学习和表现就会越出色。学生掌握的改善态度的方法越多，他们实际上愿意付出的努力就会越多，而他们成功改善态度的机会也会越来越多。不可否认，所有的老师都愿意教那些有着良好态度的学生，你肯定也不例外。因此，抽出时间来帮助学生改善他们的态度是完全值得的！

你可以这样做

今天，轮到你给每个态度有所改善的学生发奖品了。你该准备一些什么样的奖品呢？它们可以是有趣的贴纸、可口的小点心或者别出心裁的奖章，等等。首先，你应该给成功改善态度的学生布置一个小作业，让他们写几句话来描述他们过去几天在改善态度方面所付出的行动。（如果时间充裕的话，你甚至可以让这些学生在班级中分享他们成功经验。）然后，让学生把这份特殊的作业交上来，并把奖品发给他们。在你给学生颁奖的同时，请记得真诚地表扬他们的努力以及在态度改善方面所获得的成就。就这么简单！

接下来，你还要继续鼓励学生努力改善他们的态度，并继续观察学生态度方面的改善，随时表扬他们，激励他们对自己的态度进行积极的调整。此外，你也要随时提醒自己，你的态度决定了每天的课堂氛围。

如果你完成了！

如果你的学生态度有所改善，请一定要及时表扬他们！这样的话，他们态度一定会有更大的改善！但是，如果你因为学生的恶劣态度而不断地指责他们，那么他们的态度将会越来越恶劣。作为一名卓越的老师，你一定知道应该怎么做了吧，希望你做出正确的选择！

做学生身边的导师

请静心思考

卓越的老师常常被称为学生"身边的导师"，而不是"讲台上的圣人"。

你可以这样做

当我们一看到"讲台上的圣人"，就会想到那些在讲台上努力给学生灌输知识的老师。做学生"身边的导师"并不意味着老师就不需要给学生传授知识，而是意味着老师在学生的生活和学习中担任指导角色的时间应该多于担任知识讲解角色的时间。

为了说明我们的观点，我们将卓越的老师比喻成优秀的运动教练。优秀的教练是很少自己上场练习的，他们更多的时候是在运动员身边进行指导，他们的目光从来没有离开过他们的运动员。教练为了帮助运动员提高技能，总是不断地督促、鼓舞、激励、教导他们，并努力为他们完善比赛计划。不仅如此，为了更好地执教他们的运动员，教练还会利用他们所观察到的一切来帮助运动员取得更大的进步。教练指导运动员与老师指导学生在本质上是一样的，尽管竞技的场所不同，但优秀的教学就是优秀的指导，反之亦然。在一个优秀教练的指导下，运动员们大部分时间都在积极参与运动。同样，在一个卓越老师的指导下，同学们大部分时间也都在积极参与课堂活动。

请将自己视为一个教练，不论是在讲课时，还是在对学生进行培训、激励、指教时，你都要坚持不懈地指导你的小运动员们，引导他们进行探讨，并帮助他们解决问题，以提高他们的能力。如果老师在课堂上能有效运用指导这种方式的话，那么"老师机械地讲课、学生被动地听课"的现象就会很少出现。指导教学强调了从学生的角度来进行教学，它主张让学生自己主动去探索与发现，整个教学过程以学生为主、教师为辅，教学互动，教师需要给学生提供持续的反馈，帮助他们不断进步，并将学生推向一个新的高度。如果老师能坚持使用这种方式，那么大部分时间学生都会积极参加课堂活动。当老师与学生建立了良好的教学关系后，学生在这个融洽的大集体中不仅能锻炼自己的独立工作能力，而且能增强自己的团队合作能力。

你今天的行动就是简单地监控一下自己的教学方式。有多少时间你在讲课，而学生在被动地听课？又有多少时间你真正作为一名导师在学生身边为他们提供帮助？请再仔细考虑一下：在成为一个真正受学生欢迎的导师的过程中，你还能做哪些额外的努力？

学生的心声

很多时候，我希望自己去探索、去发现新事物，而不是由您告诉我全部的步骤，然后让我严格按照您的步骤去执行。我希望您能放手让我去做，并在我身边引导我顺利地完成它。当我遇到困难与挫折时，请您为我加油打气，并耐心地帮助我。请您放心，我一定会努力成为一个聪明且敢于冒险的学生！

给学生讲一个笑话吧

请静心思考

校长、校长秘书以及学校最卓越的老师，三个人走在去餐厅的路上，他们发现了一个瓶子，于是把它捡起来，突然一个精灵出现了，并大声地说它可以为每个人实现一个愿望。老师说："我想拥有一艘邮轮，去夏威夷所有的岛屿航行。"噗！老师不见了。秘书说："我想拥有一座自己的私人岛屿，在海滩上我可以什么事也不做，我只希望自己一个人静静地休息放松。"噗！校长秘书不见了。校长说："我只想，午餐之后这两个人能马上回来！"

你可以这样做

最近，你听到过一些幽默而有趣的笑话、谜语或者双关语吗？

不可否认，当你和学生一起分享这些有趣的语言时，大家都会感到开心愉快。记住：学生喜欢一切有趣的东西。尽管他们可能会嘲笑你讲的笑话有些老土，或者假装你讲的笑话一点都不好笑，但你也不要打消给学生讲笑话的念头，因为学生喜欢会讲笑话的老师！

特别是学年快结束的日子，面对渐渐临近的期末考试，课堂气氛很容易变得严肃而沉闷。有时候，我们需要让学生轻松一下，这样不仅可以缓解学生因繁重的学习任务而产生的紧张和焦虑的情绪，而且可以活跃课堂气氛。研究表明，笑是缓解压力的有效方式。因此，别犹豫了，今天就给学生讲个笑话吧，让学生在哈哈大笑中赶走疲惫与压力。如果你手头上没有现成的笑话，可以问问你的同事，或者去网上找一些适合老师和学生使用的有趣的笑话。

如果你完成了！

老师：昨天，你没来上学，不是吗？

学生：我不太确定。

妈妈：为什么你的试卷上有一个大大的零？

孩子：这不是一个零，老师的星星用完了，所以她给了我一个圆圆的月亮！

笑是生活最好的一剂良药。

每一天，你都可以对着自己笑，与你的学生一起笑。只要你愿意！

改变你的教学方式

请静心思考

当你日复一日地重复同样的日常事务时，是否觉得重复已经让你停滞不前了？如果你曾经有这样的感觉。你是否想过如何应对不断重复的日常工作所带来的厌倦感呢？

你可以这样做

如果总是重复不断地做一件事情，即使是重复地玩一个游戏，也会很快就让人感觉无聊。你曾经观看过足球比赛吗？当运动员只是不停地在场上重复地跑来跑去，却不进球得分，也没有让观众看到拍案叫绝的球技时，观众会慢慢地变得不耐烦，甚至感到无聊透顶。如果此时突然出现一个转机，比如，球突然被中途拦截，人群就会马上活跃起来，并开始高声欢呼，观众又会再次兴致勃勃地观看比赛。球员也会因此而玩得更加投入，因为观众的热情和紧张的比赛又重新激起了他们的活力！

我们的课堂又何尝不是如此。如果只是简单的重复，即使是非常有效的教学方法和极具吸引力的课堂活动也会让学生觉得非常无聊，甚至连你自己都失去了激情。在第159天的时候，我们谈到了偶尔将学生带到室外去上课，改变一下课堂的风景，为课堂增加一些新鲜的元素，重新点燃学生学习的兴趣和热情。今天，我们将讨论如何在教室里改变课堂的风景，当然不是依靠改变教室物品的摆放位置或者装饰风格，而是改变你的教学方式。

今天的活动很简单。请努力和你的同事进行教学方式上的探讨，争取找出一个全新的教学方式来替代你一直在用的传统的教学方式。

然后，将这种全新的方式运用到你的课堂上。

也许你可以让两个学生来主持课堂讨论以此来代替你一直在用的全班讨论的方式，也许你可以尝试着用不同的方式来讲解同一个概念，也许你可以简单地改变一下你平时在课堂上做事的顺序，也许你可以允许学生创造自己的游戏来为即将到来的考试进行有针对性的复习。正如一场足球比赛中突然出现的转机可以鼓舞观众和球员一样，你在教学上的转机也同样会鼓舞你的学生和你！

如果你完成了!

生活中，变化是一种令人兴奋的调味品，让人为之欢呼、为之激动。积极的变化将鼓舞和激励着人们不断前进，因此，教学上的变化越多，你就越能吸引学生积极参加课堂活动，越能激励他们勇往直前！

不要在讲台上坐得像个雕像

请静心思考

每间教室都会有一张特殊的桌子，它被称为老师的讲桌，这张桌子的用途是给老师摆放教学所要用到的东西。上课时，你可以把教材、教具、备课资料等放在上边，当你需要某件东西的时候就能很快找到它。

你可以这样做

几乎每间教室的讲台上都有一张讲桌，它实际上有两个用途：第一，给老师摆放教学所要用到的东西；第二，当学生不在教室时，可供老师坐在讲桌后的椅子上临时休息。除此之外，讲桌再没有其他任何用途。但是，很多老师却并没有记住后者所提到的备忘，当学生在教室的时候，他们也坐在讲桌那里，这是一个极大的错误。原因在于：物理上的距离造成了心理上的距离。讲桌在物理上将老师和学生分开了，因此也在心理上使得老师和学生分开了。事实上，每一个老师都想让学生将他们视为一名可亲可近的教练，永远和他们站在同一战线上。（但是请你注意，在足球场的边线上从来没有教练的桌子。）因此，请不要在讲台上坐得像个雕像，主动地走到你的学生中去吧！

当然，在学生不在教室的时候，你可以随意地坐在讲台上。但是，当学生在教室的时候，即便他们是在独自做功课，你也要参与到他们当中去，你的积极参与对学生来说是非常重要的。就像我们在第113天所讨论的那样，你离学生越远，学生越有可能表现出不良行为，而你离学生越近，学生越有可能表现得很好。如果因为某些特殊原因，在你上课时需要偶尔坐下来，也请你将讲桌放在学生座位的正中央，并把你的椅子放在讲桌后边。这样，你就能与学生保持很近的距离，让学生感觉到你和他们在一起，这将有助于他们集中注意力，减少做"小动作"的可能性。

如果你完成了！

你一定要牢记：你不是坐在开庭席上的法官，你是无数渴望学习的学生的老师，你要小心地呵护这些渴望，千万不要因为自己无心的举动浇灭它们。你要永远记得提醒自己：你是老师，学生终身的导师——一个比其他人更容易安全接近的人。

最好的不是最轻松的

请静心思考

教学其实并不轻松，它过去是这样，现在是这样，将来也会是这样。如果你没有很深刻地明白这一点，那么你的教学工作将会很难顺利地进行下去。但是，不得不承认，有时避开教学艰难的真相，将教学视为一份简单的工作来应付，真的会让老师感觉轻松和舒服很多，而且确实非常省事。

你可以这样做

请让我们勇敢地面对现实：

● 照本宣科，简单测试，循规蹈矩地讲解章节习题，这些方式对你来说都很轻松，但对你的学生来说却并不是最好的方式。

● 相比和学生一起积极讨论、探索而言，给学生发张简单的作业单这种方式对你来说显然要轻松很多，但对你的学生来说却并不是最好的方式。

● 相比对学生进行一对一的真实评估而言，用统一测试来对学生进行差异化分级这种方式对你来说显然要轻松很多，但对你的学生来说却并不是最好的方式。

● 相比对不同水平的学生因材施教而言，用同一方法教所有学生的这种方式对你来说显然要轻松很多，但对你的学生来说却并不是最好的方式。

● 始终保持你的沉着冷静和职业素养并不轻松，但对你的学生来说却是最好的。

每一天，你都会做出很多的决定。很多时候，在你做出决定之前或者之后你都会怀疑自己的决定是否正确。那是因为你是一个真正具有职业素养的老师，你比其他的老师更加努力、更加谨慎、更加希望学生能获得成功。

现在有一个简单的方法可以让你不再怀疑自己。在你做任何决定之前，不管这是简单还是复杂的决定，你都可以先问自己下面两个问题：

我做的决定是以对学生最好为宗旨的吗？

我做的决定是以对我自己最轻松为宗旨的吗？

如果你做所有的决定都以对学生最好为宗旨的话，那么恭喜你做出了正确的决定。

如果你完成了！

请永远选择对学生最好而不是对自己最轻松的教学方式，只有这样，你才能成为卓越的老师，并教出卓越的学生。

真诚地向学生道歉

请静心思考

如果你曾经被人伤害过的话，要想忘记通常很难，而且有时候也确实无法忘记。对于成年人来说，确实如此。但对于孩子来说，却并非如此。孩子们很天真，他们乐于忘记那些不愉快的事，也很容易宽恕那些伤害自己的人。当然，如果你真诚地为那些对他们造成过伤害的事情道歉的话，他们也很擅长忘记。

你可以这样做

作为一名兢兢业业对待工作的老师，你肯定一直希望自己能给学生树立一个好榜样，创造一个好环境，精心呵护他们健康成长。但是如果你万一不小心说了伤害学生的话，那该怎么办呢？最好的方式就是道歉，用你的行动和表现来为学生树立勇于道歉的好榜样。我相信，只要你足够真诚，学生一定会真心佩服你，然后原谅你，并以你为榜样！

如果你和学生说："对不起，但是……"然后告诉学生你之所以愤怒，是因为他做了让你生气的事情。这种道歉方式在学生看来是非常不真诚的。

事实上，如果你因为自己的言行举止伤害了学生的感情，最有效的弥补方式就是发自内心地向学生道歉。你可以尝试以下的几种道歉方式：

● 我想为刚刚所说的话向你道歉。我知道这很伤人，我不应该对你说这样的话。如果有人对我说这样的话，我肯定会非常伤心，请你原谅我。

- 真的很抱歉我对你说了这么伤人的话，我知道我伤害了你，这都是我的错。我不会再犯这样的错误了，请你原谅我。

- 真的很抱歉我在你的同龄人面前让你难堪了，都怪我反应这么迟钝。我想我一定深深地伤害了你，请你原谅我。

当你用实际行动来向你的学生表示道歉时，所有的学生通常都会对你说出同样的三个字"没关系"。不仅如此，他们还会真的原谅你。同时，他们还会从你这里学到勇于道歉的好品质。

学生的心声

老师，您所说的那些话伤透了我的心。在那一瞬间，我真的很不喜欢您。但是一会儿后，您就对我说："对不起，我错了。"您勇于道歉的行为感动了我，因此，我也对您说："没关系，我一会儿就忘了。"其实，当您告诉我您不是故意要伤害我时，我就相信了。很感谢您能道歉，我一定会原谅您，并很快将这件事忘掉，谢谢您为我做出了这么好的榜样。我想，我也会像您那样勇于承认自己的错误，并用自己的实际行动向他人道歉。

不要忽略好学生

请静心思考

每个班级都存在着一群这样的学生——他们从来不会给你惹麻烦，他们学习努力、成绩优秀、令人愉快。是的，他们通常自力更生，从未要求你给予他们特殊的关照。正因为我们从来不用为他们操心，所以他们总是被我们忽视。其实，这样的学生是最值得我们重视和称赞的，但是他们并没有要求我们这样做，于是我们总是忘记给予他们那些本应该属于他们的荣誉。我们总是忽视他们，并很少称赞他们，这是一个巨大的错误！也许我们一直认为这些学生肯定知道我们有多么欣赏他们，但是，事实上，如果我们不告诉他们，他们永远不会知道。

你可以这样做

哪些学生是你班级里的好学生？他们表现优异，从来不需要你操心。请在下面空白处写下他们的名字。

_____

_____

_____

不管你写下的名字是一个，还是二十个，请设法马上安排时间和每一个学生私下里单独谈谈。请告诉他们，你对他们的印象多么深刻，你多么喜欢他们的勤奋、懂事，多么欣赏他们的优秀表现。让他们知道，他们在你眼里是独一无二的，对于他们的付出和成就你都记在心里。请一定要记得向他们表达你的感谢、你对他们的信任以及对你没有足够多地赞美他们的深深歉意。事实上，你的确从来没有足够多地感谢过这类好学生。当意识到这些的时候，你可能很想将同样的话对他们的父母说，现在就将所有的话都写在小纸条上，让学生带回家吧。

如果你完成了！

学生所做的每一件让人称道的事情都有可能没有被你发现，他可能就是那个被你忽视的好学生。所以，请多花点时间告诉他，你欣赏他所做的一切。以后，请你千万不要再犯类似的错误了。

每日/每周名言

请静心思考

期末已经临近，以周或者月为单位的计划已经用不上了！尽管教学时间已经不多，但我们还是希望与你分享这个教学小策略——每日/每周名言，以便你在下一年可以继续用到它。

人们喜欢名言，因为它们富有哲理、鼓舞人心、令人愉悦且极具警策性。很多的书中都引用了名人名言，网上也到处可见名人名言。其中，我们最喜欢的至理名言就是约瑟夫·艾迪生的"教育之于心灵，就如雕刻之于大理石"。

你可以这样做

学生同样也喜欢名言。老师也会经常因为某些原因而使用名言，这些原因我们已经在前面提到过了，比如富有哲理、激励人心、令人愉悦、极具警策性，等等。下面是一位老师和我们分享的成功经验，你也可以试一试。

"我有一块专门写名言的小黑板，每一天，黑板上的名言都会更新。有些日子，黑板上会写一些与我们所学的概念有关的名言；有些日子，黑板上会写一些激励学生的名言；有些日子，黑板上写的名言仅仅是为了逗学生一笑。有时候，我们会在课堂上讨论这些名言，即便在我没有时间组织讨论的时候，那块黑板上的名人名言也可以供所有学生欣赏。每天，我都会派学生更新黑板上的名言。学生很喜欢做这项工作，而且这是他们从未忘记去做的一项工作。有时候，我会鼓励学生在黑板上写一些他们自己的名言，他们的创造力和智慧让我一直惊讶不已！"

你也可以让学生写下自己最喜欢的名言，这样也能充实你的名言库。此外，很多人每天会在Twitter、Facebook以及其他的媒体网站上贴上自己喜欢的名言，你可以免费"借鉴"过来。

如果你完成了！

亚里士多德曾经说过"教育是人生最好的保障"，我坚信：我们所有的学生都会过上谦逊的、有教养的、快乐的、成功的人生！

你是一个甜的橙子还是酸的柠檬

请静心思考

内在的品质决定了人们的外在行为。

你可以这样做

我们曾经参加过一个大型的教育会议，在成千上万的老师面前，一位演讲者正激情洋溢地发表自己的演说。他拿起一个橙子问："如果我用力挤捏这个橙子，会挤出什么东西？"老师们异口同声地说："果汁！"演讲者又问："什么果汁？"老师们又齐声回答："橙汁！"演讲者接着问："为什么不是柠檬汁呢？"老师们回答："因为这是橙子，不是柠檬。"演讲者又问："你们的意思是你们只能取出本来就在里边的东西，里边没有的东西你们没法取出来吗？"老师们大声回答："是的！"

你知道这位演讲者的意图了吗？让我们继续往下看，这位演讲者开始向老师们解释，无论表面怎样改变，当你想要透过某个人的表面了解他的内在时，你只可能看到他身上已经存在的东西，也就是他已经存在的内在品质，除此之外，不可能再看到别的东西。如果你让一位积极向上的老师来管理消极的学生，不管学生多么放肆地激怒他，在这位老师身上除了表现出积极的态度和高水平的专业素养外，不会再有别的表现。反之亦然。"你们曾经碰到过一直不停地说他快被学生气疯了的老师吗？"他话音刚落，老师们都笑着纷纷点头。演讲者幽默地说道："没准在座的各位当中可能就有很多被学生气疯的老师。哇喔，这么多被学生气疯的老师都到这里来了。"

事实上，如果一个人本身内在就不具备某种品质，那么你不可能在这个人身上发掘出这种品质。你觉得自己是一个甜的橙子，还是一个酸的柠檬呢？

我们已经将这个活动运用到各个年级的老师与学生当中，你不妨也和你的学生试一试。首先，你要告诉学生，他们内在的品质决定了他们的行为，任何人都无法改变他们的内在品质，因此培养良好的内在品质是至关重要的。然后，你还可以和学生讨论一下，他们觉得自己是橙子还是柠檬，是甜的还是酸的？

如果你完成了！

永远不要忘记，在任何情况下，你都可以自己做出选择。请选择做一个甜的橙子而不要做一个酸的柠檬，做一个懂得赞美的老师而不要做一个总是充满抱怨和谴责的老师。

设立颁奖日奖励每一个学生

请静心思考

在第93天的时候，我们曾建议你为学生举行一个颁奖典礼。今天，你要为学生再举行一次。请确保每一位学生在这个学年结束时都能获得属于自己的奖品。再强调一次，奖品不需要很昂贵。事实上，对学生来说，他们只是需要获得老师的认可和肯定，至于奖品本身是什么并不是那么重要。

你可以这样做

作为对第93天的行动的延续，今天请你计划在整个班级举办一个小型的颁奖典礼。你可以在电脑上制作奖品，也可以自己亲手制作，最重要的是确保班上每一名学生都能获得奖品。奖项可以设置为最佳进步奖、最佳表现奖、助人为乐奖、最佳出勤奖、最善良奖、最佳创意奖、最佳幽默奖、最佳成绩奖、最佳态度奖等。

这个小型的颁奖典礼不需要占用太多的时间，但它却有着不可估量的价值。它向学生表明了你已经关注到他们每个人在这学年所付出的努力、所获得的进步。你为他们颁发的奖品也代表了你对他们最大的认可和肯定，这将激励他们在未来的道路上勇往直前。

如果你完成了！

请确保班上的每一位学生都能获得属于自己的奖品，因为奖品对学生来说有着特殊的意义。奖品意味着他们所付出的勤奋努力，意味着你已经关注到他们所取得的成就，意味着你对每一位学生的信任。

一封写给你自己的信

一年以来，我们一直在谈论让学生知道你相信他们是多么重要。那么，如何才能做到这一点呢？下面我们将与你分享一个最好的办法。

你可以亲手写一封简短的信，信中表明你相信他们每个人都会成功。然后把它交给你的每一个学生，嘱咐他们要收好这封信，在他们获得成功的时候一定要记得将它寄回给你。这将是一件令人期待的事情，也许有一天，你真的会收到以前教过的学生寄给你的信。当然学生会不会真的把这封信寄回给你并不是最主要的，我们这个行动的真正目的是为了表达你对学生的信任。

下面是一个简单的信件模板：

尊敬的女士 / 先生＿＿＿＿＿＿＿＿＿：
　　　　　　　　　（你的姓名）

　　我只是想让您知道，我现在是一个非常成功的＿＿＿＿＿＿＿＿＿＿
＿＿＿＿＿＿＿＿＿＿＿＿＿＿＿＿＿＿＿＿＿＿＿＿＿＿＿＿＿＿＿＿

　　现在有几件关于我的事情，您可能想听＿＿＿＿＿＿＿＿＿＿＿＿＿
＿＿＿＿＿＿＿＿＿＿＿＿＿＿＿＿＿＿＿＿＿＿＿＿＿＿＿＿＿＿＿＿

　　我为自己所取得的成就感到开心。我想，您也许也会为我高兴吧。

　　　　　　　　　　　　　　您真诚的＿＿＿＿＿＿＿＿＿＿

当你把这封信交给学生时，请对他们说："我相信你们在以后的人生中一定都会取得成功。我给你们这封信的目的是希望有一天你们成功的时候能把它寄回给我，让我也一起分享你们的喜悦。我真心希望能及时知道你们所获得的成功，因为当我知道你们正在享受成功的快乐时，我也会为你们感到高兴。"

鼓励学生努力实现自己的目标

请静心思考

在第88天的时候，我们提出了这样的建议，即你走进任何一间教室问学生："你们中谁树立了自己的书面目标，并计划了今年、明年甚至更远的未来所要完成的事情？请举手。"很有可能偌大一个教室却没有一个学生举手，即便有，也可能只有极少的学生举手。同时，我们还分享了一个令人震惊的研究，它明确地证明了书面目标的重要性。

在第88天至91天的时候，你帮助学生树立了他们自己的目标，并让他们一起分享了彼此的目标。现在，在这学年结束之前，你要继续创造机会鼓励学生树立自己的目标，并为这些目标写下详细的行动计划，这样他们就可以督促自己努力实现这些目标了。

你可以这样做

今天，你的行动就是帮助学生回顾自己的目标，并鼓励他们实现这些目标。尤其是到了年末，你更应该高度重视这个行动。以下是对今天行动的一些建议：

1. 提醒学生书面目标的重要性。
2. 让学生回想一下这个学年他们最初树立的目标。
3. 让学生分享他们为实现自己的目标所付出的行动。
4. 提醒学生树立目标时，要胸怀大志，力争上游。
5. 告诉学生你相信他们一定可以实现自己的目标。
6. 提醒学生在实现目标的过程中不要被困难打倒。
7. 记得赞美学生为实现目标所付出的努力。

如果你完成了!

直至现在，你已经帮助学生了解到树立积极目标的重要性，而且让他们写下了自己的书面目标，并且让他们重温了这些目标。通过采取的这些行动和练习，你已经成功地把学生纳入了拥有书面目标的那部分少数人群之中。

你已经做了你应该做的所有事情，目前也许只有极少数卓越的老师会有意识地去做这些极其重要的事情，恭喜你，这是卓越的老师成为佼佼者的重要依据。谢谢你做了你该做的，剩下的事情就交给学生自己去把握吧。

给学生留下积极的最后印象

在第1天的时候，我们谈到了第一印象的重要性。今天，我们将谈论最后印象的重要性。第一印象和最后印象都是持久的，请永远不要忘记，你的形象会深深地刻进你所教过的每一个学生的心中，你所教会他们的知识技能和为人处事的方法都将陪伴他们一生。当你意识到这些时，你可能会希望在这一学年快要结束时留给学生一个积极的最后印象。

在与学生共处的最后一天，你务必要做到以下几点：

● 感谢学生能与你共度今年的美好时光。

● 告诉学生，能做他们的老师是你最大的荣幸。

● 告诉学生，你希望他们能够明白今年你所做的每一个决定都是为了让他们更好地成长。

● 真诚地表达你对每个学生的信任。

● 回忆学生所取得的成就，赞美他们，并鼓励他们再接再厉。

● 和学生一起回想今年发生的一些有趣的事情，并告诉他们你会珍惜这些美好的回忆。

● 告诉学生，你会想念他们。

● 告诉学生，他们是你所教过的学生中最特别的学生。（没错，每一年你对每个班级都可以这么说。）

● 祝愿学生在未来取得自己想要的成功。

● 告诉学生，你会永远记住他们每一个人，并一如既往地关注他们。

当学生离开你的教室时，请站在门口欢送他们，在他们即将路过你身边时，记得感谢每一个人，并为他们送上最好的祝福。请把你最好的和最灿烂的笑容送给他们！为学生留下一个积极的最后印象。

这是今年最后一个调查问卷，今天你的任务就是认真地完成这个调查问卷。对于每一栏的描述，你只需在右侧栏中写上"是"或"否"。

教学实践检验问卷

1	我已经采取积极的行动帮助学生改善了他们的态度。	
2	我已经意识到我的态度会决定课堂的气氛。	
3	我已经将自己视为站在学生身边的导师，而不是站在讲台上的圣人。	
4	我偶尔会给学生讲笑话。	
5	为了让我的教学更加多元化，也为了让我的课堂更加有吸引力，我不断地变化教学方式。	
6	当学生在教室的时候，我从来不会坐在讲台上。	
7	我做决定时，总是以对学生最好为宗旨，而不是以我最轻松为宗旨。	
8	如果我因为自己的言行举止伤害了学生，我会真诚地向学生道歉。	
9	我学会了顾及每一个学生的感受，不再忽略那些表现很好的学生。	
10	在下学年度，我计划实行"每日/每周名言"的建议。	
11	我使用了第175天的"橙子"教学策略。	
12	我为学生举行了一个小型的颁奖典礼。	
13	我已经使用了第177天的"写信"建议。	
14	在学生离开班级时，我给他们留下了最好的祝福和最灿烂的笑容。	

现在，你可以好好地松口气了。我们真心希望，我们已经帮助你度过了一个美好的学年，也希望你的下一学年更加美好！

第180天

总结
Conclusion

　　在过去的180天里，我们一起与你分享了与日常教学有关的提示、建议、方法、策略和行动，以提高你教学的有效性。如果你每天都会抽出几分钟的时间看看我们这本书，那么我们坚信你一定已经有所收获了。即使因为种种原因，你只实施了书中建议的一小部分行动，这也表明了你为了改善你的现状已经在采取积极的行动了。记住：任何改善都是进步，都是值得高兴的！如果在你拿起这本书之前，你就已经是一名好教师，那么我们希望这本书能帮助你成为一名优秀教师。如果在你拿起这本书之前，你就已经是一名优秀教师，那么我们希望这本书能帮助你成为一名卓越教师。

　　教学之路是永无止境的，它需要我们不断地学习和探索，从来没有人能够彻底完成这种学习和探索。作为一名教师，当我们选择了教师这个能够积极地影响每一个孩子生命的职业时，我们必须永不停歇地追求新的、更好的方式来完成我们的使命。我们希望我们的这些提醒、建议、经验能帮助你实现你的追求。我们感谢你阅读我们的书，感谢你积极上进地选择有所作为，我们真心希望你能在教学中持续地取得成功。

学生的心声

老师，您知道吗？

您是一名英雄！

您抚慰每一颗幼小的心灵，您教导每一个渴望知识的头脑，

您愈合每一个受伤的伤口，您理解每一个与众不同的梦想。

您使那些无心向学的孩子得到激励，受到鼓舞。

您将一切复杂的东西魔术般地变得简单。

您像园丁一样，辛勤地培育你的每一朵花，一丝不苟地为他们锄去所有的杂草。

您是一个极平凡的人，却在做着极不平凡的事！

像冠军一样教学：
引领学生走向卓越的62个教学诀窍

ISBN: 9787515343488
作者：[美] 道格·莱莫夫
2016-9 定价：49.00元
上架建议：畅销书 教师用书

入选《中国教育报》2016年度"教师喜爱的100本书"
入选中国教育新闻网2016年度"影响教师的100本书"

- 被誉为美国的"教学圣经"
- 全球1700万教师口碑相传的教学指南
- 教育界罕见的销量过千万的全球畅销书
- 只要掌握技巧，没有教不会的学生
- 一套已被证明适合每一所学校和每一个教师课堂的实用教学工具
- 《纽约时报》《时代周刊》《洛杉矶时报》《华盛顿邮报》《华尔街日报》《今日美国》等权威媒体重磅推荐
- 伟大的教师不是天生的，而是后天造就的。事实上，每一位教师都可以选择加倍努力来完善自己，最终成为你想成为的教师。本书涉及的62个教师技巧，一直被大多数教师实践，所有遵循这些方法的教师，都成功掌控了自己的课堂。

内容简介：《像冠军一样教学：引领学生走向卓越的62个教学诀窍》被誉为美国的"教学圣经"，作者多年来观察教学成效出色的冠军教师，从他们的教学技巧中整理归纳出一套实用的教学手册，清晰易懂又容易上手，能帮助新手教师更快进入状况，快速提升教学效果；帮助老教师直达教育本质，沉淀教学精华；帮助学生发挥最大潜力，在未来拥有更多机会。

全书在一个个引人入胜的教学案例中，为教师提供了62个操作简便、高效实用的教学技巧，每章末均附有切实可行的培训练习，帮助教师进一步理解和反思他们的教学行为，以更好地引导学生专注学习，发挥最大潜力。

作者简介：道格·莱莫夫是美国畅销书作家、权威教育家、著名教师培训导师。毕业于哈佛大学。

道格是教育界的权威专家。不仅如此，他还是全美教师培训界最引人注目的导师，他在观察几千堂"不可思议"的高效课堂后，归纳出冠军教师所需要的62个教学诀窍，他关于教学的理念和方法，一直被大多数教师实践，所有遵循这些方法的人，都成功掌控了自己的课堂和生活，并从中获得了无限快乐和幸福。

《像冠军一样教学：引领学生走向卓越的62个教学诀窍》出版后，在全球教育界引起巨大震动，包括《纽约时报》《洛杉矶时报》等主流媒体都做过专文报道。莱莫夫本人也声名鹊起，哈佛大学教育学院数次诚邀他登台演讲，约旦王后拉尼娅盛情邀请他出任教育顾问。

他还撰写了畅销书《练习的力量：把事情做到更好的42法则》。

○ 风靡全球的"翻转课堂"和"翻转学习"，最早起源于本书的两位作者乔纳森·伯尔曼和亚伦·萨姆斯，他们所任教的美国科罗拉多州落基山的"林地公园"高中被誉为"翻转课堂圣地"，他们在学校长达10余年的对于翻转课堂的实践，已经引起越来越多的人的关注，以至于经常受到邀请向全世界同行介绍这种教学模式

○ 来自"世界翻转课堂圣地"的成功模式——轻松效仿

○ 被誉为"翻转课堂先驱"的他们对翻转课堂进行了长达十余年的勇敢尝试——成效显著

○ 数学和科学卓越教学总统奖得主震撼力作——超强影响力

作者简介： 乔纳森·伯格曼，获得过数学和科学卓越教学总统奖（该奖项是美国数学和科学教学领域杰出表现的最高认证），被誉为"翻转课堂先驱"。他和亚伦对翻转课堂进行了长达十余年的勇敢尝试和实践，引起了全世界的关注，世界各地的小学、初中、高中乃至成人教育都纷纷采用这种模式来教授各个学科，并取得了卓越的成效。

亚伦·萨姆斯，获得过数学和科学卓越教学总统奖，被誉为"翻转课堂先驱"。他和乔纳森一起为"翻转课堂"这种教学模式的完善和推广做出了巨大的贡献。

入选中国教育新闻网"影响教师的100本书"

作者最新力作